Leitura à primeira vista
para guitarristas e violonistas
Felipe Guerzoni

Nº Cat.: 431-M

Irmãos Vitale S.A. Indústria e Comércio
www.vitale.com.br
Rua França Pinto, 42   Vila Mariana   São Paulo   SP
CEP: 04016-000   Tel.: 11 5081-9499   Fax: 11 5574-7388

© Copyright 2015 by Irmãos Vitale S.A. Ind. e Com. - São Paulo - Brasil
Todos os direitos autorais reservados para todos os países. *All rights reserved.*

CRÉDITOS

Capa e diagramação
Eduardo Wahrhaftig

Coordenação editoral
Roberto Votta

Produção Executiva
Fernando Vitale

CIP-BRASIL. CATALOGAÇÃO NA FONTE
SINDICATO NACIONAL DOS EDITORES DE LIVROS - RJ.

G962L

    Guerzoni, Felipe Boabaid, 1978-
        Leitura à primeira vista para guitarristas e violinistas / Felipe Boabaid Guerzoni. - 1. ed. - Rio de Janeiro : Irmãos Vitale, 2015.
        124 p. ; 30 cm.

    Inclui bibliografia e índice
    Inclui prefácio, introdução, nota biográfica
    ISBN 978-85-7407-438-2

    1. Harmonia (Música). 2. Tonalidade (Música). 3. Teoria musical. I. Título.

15-24385

CDD: 781.4
CDU: 781.6

07/07/2015   07/07/2015

APRESENTAÇÃO DO LIVRO

Este método tem como objetivo a sistematização da leitura de linhas melódicas na guitarra ou violão.

As linhas melódicas vêm acompanhadas de cifras, para que os exercícios possam ser tocados por duas pessoas.

Os pré-requisitos são: Conhecimento de figuras rítmicas, fórmula de compasso e formação de acordes.

Não há um pré-requisito para a utilização do livro no que se refere ao desenvolvimento da leitura de linhas melódicas, porém, para que as cifras sejam executadas, é necessário o conhecimento de intervalos bem como a construção de acordes.

ÍNDICE

Prefácio..09
Sobre o autor..10
Introdução..11
Critérios para a definição das posições..12
Apesentação e explicação do diagrama (braço do instrumento)...............13
Exercicio preliminar de trabalho da visão...16

CAPITULO I - Segunda posição

I . a - NOTAS NATURAIS...19

1.a-Exercícios c/ semibreves. Extensão Dó 3 – Sol 3...............................20
2.a-Exercícios c/ semibreves. Extensão Dó 3 – Lá 3................................21
3.a-Exercícios c/ mínimas. Extensão. Dó 3 – Dó 4...................................22
4.a-Exercícios c/ mínimas. Extensão. Si 2 – Re 4....................................23
5.a-Exercícios c/ mínimas e pausa. Extensão. Lá 2 – Mi 4.......................24
6.a-Sinais de repetição, casa 1 e casa 2 25
7.a-Exercícios c/ semínimas. Extensão. Fá 2 – Sol 4...............................26
8.a-Exercícios c/ semínimas. Extensão. Mi 2 – Lá 4................................27
9.a-Exercícios c/ semínimas e pausas. Extensão completa da segunda posição...28
10.a-Exercícios c/ semínimas e pausas. Extensão completa da segunda posição...29
11.a-Exercícios c/ colcheias. Extensão completa da segunda posição.............29
12.a-Exercícios c/ colcheias. Extensão completa da segunda posição.............30
13.a-Exercício sem acompanhamento..30
14.a-Exercício sem acompanhamento..31
15.a-Duo..31
16.a-Duo..32

I . b - NOTAS ALTERADAS..33

1.b-Exercícios c/ colcheia e pausa. (G maior)...36
2.b-Exercícios c/ semicolcheia e pausa. (E menor)..................................36
3.b-Exercícios c/ colcheia e pausa. (F maior)..37
4.b-Exercícios c/ semicolcheia e pausa. (D menor)..................................37

5.b-Exercícios c/ colcheia e pausa. (D maior)..38

6.b-Exercícios c/ semicolcheia e pausa.(B menor) 38

7.b-Exercícios c/ colcheia e pausa. (Bb maior) 39

8.b-Exercícios c/ semicolcheia e pausa (G menor)..39

9.b-Exercícios c/ semicolcheia e pausa (A maior)...40

10.b-Exercícios c/ semicolcheia e pausa (F# menor)...40

11.b-Exercícios ritmos variados (Eb maior)..41

12.b -Exercícios ritmos variados (C menor)..41

13.b-Exercício sem acompanhamento..42

14.b-Exercício sem acompanhamento..42

15.b-Duo..43

16.b-Duo..44

CAPITULO II - Quinta posição

II . a - NOTAS NATURAIS..45

1.a-Exercícios c/ semibreves. Extensão Dó 3 – Sol 3...47

2.a-Exercícios c/ semibreves. Extensão Dó 3 – Lá 3..48

3.a-Exercícios c/ mínimas. Extensão. Dó 3 – Dó 4...49

4.a-Exercícios c/ mínimas. Extensão. Si 2 – Re 4..50

5.a-Exercícios c/ mínimas e pausa. Extensão. Lá 2 – Mi 4..51

6.a-Exercícios c/ mínimas e pausa.Extensão. La 2 – Sol 4...52

7.a-Exercícios c/ semínimas. Extensão. Lá 2 – Sí 4..53

8.a-Exercícios c/ semínimas. Extensão. Lá 2 – Dó 4...54

9.a-Exercícios c/ semínimas e pausas. Extensão completa da quinta posição...............55

10.a-Exercícios c/ semínimas e pausas. Extensão completa da quinta posição..............55

11.a-Exercícios c/ colcheias.Extensão completa da quinta posição..........................56

12.a-Exercícios c/ colcheias.Extensão completa da quinta posição..........................56

13.a-Exercício sem acompanhamento...57

14.a-Exercício sem acompanhamento...57

15.a-Duo..58

16.a-Duo..59

INDICE

- **II . b - NOTAS ALTERADAS**..60

    1.b-Exercícios c/ colcheia e pausa. (G maior)..61
    2.b-Exercícios c/ semicolcheia e pausa. (E menor)..................................62
    3.b-Exercícios c/ colcheia e pausa. (F maior)..63
    4.b-Exercícios c/ semicolcheia e pausa. (D menor)................................64
    5.b-Exercícios c/ colcheia e pausa. (D maior)..65
    6.b-Exercícios c/ semicolcheia e pausa.(B menor)................................66
    7.b-Exercícios c/ colcheia e pausa. (Bb maior).....................................67
    8.b-Exercícios c/ semicolcheia e pausa. (G menor)..............................68
    9.b-Exercícios c/ semicolcheia e pausa (A maior) 69
    10.b-Exercícios c/ semicolcheia e pausa (F# menor)............................70
    11.b-Exercícios ritmos variados (Eb maior)..70
    12.b-Exercícios ritmos variados (C menor)...71
    13.b-Exercício sem acompanhamento..71
    14.b-Exercício sem acompanhamento..72
    15.b-Duo...73
    16.b-Duo...74

CAPITULO III - Oitava posição

- **III. a -NOTAS NATURAIS**..75

    1.a-Exercício 1 c/ semibreves. Extensão (Dó 3 - Sol 3)..........................76
    2.a-Exercício 2 c/ semibreves. Extensão (Dó 3 - Dó 4)..........................77
    3.a-Exercício 3 c/ mínimas. Extensão (Dó 3 - Dó 4)..............................78
    4.a-Exercício 4 c/ mínimas. Extensão (Dó 3 - Sol 4)..............................79
    5.a-Exercício 5 c/ mínimas e pausas. Extensão (Dó 3 - Dó 5)...............80
    6.a-Exercício 6 c/ mínimas e pausas. Extensão (Dó 3 - Dó 5)..............81
    7.a-Exercício 7 c/ semínimas. Extensão (Dó 3 - Mi 5)..........................82
    8.a-Exercício 8 c/ semínimas. Extensão (Dó 3 - Fá 5)..........................83
    9.a-Exercício 9 c/ semínimas e pausas. Extensão completa da oitava posição......84

10.a-Exercício 10 c/ semínima e pausas. Extensão completa da oitava posição...........84

11.a-Exercício 11 c/ colcheia. Extensão completa da oitava posição........................85

12.a-Exercício 12 c/ colcheia. Extensão completa da oitava posição........................85

13.a-Exercício sem acompanhamento...86

14.a-Exercício sem acompanhamento...86

15.a-Duo...87

16.a-Duo...88

● III. B - NOTAS ALTERADAS..89

1.b-Exercício 1 c/ colcheias pausas e quiálteras. (G Maior).....................................90

2.b-Exercício 2 c/ semicolcheias, pausas e quiálteras (E menor).............................91

3.b-Exercício 3 c/ colcheias, pausas e quiálteras (F Maior).....................................91

4.b-Exercício 4 - todas as figuras abordadas e quialteras (D menor).......................92

5.b-Exercício 5 - todas as figuras abordadas e quialteras (D Maior).......................92

6.b-Exercício 6 - todas as figuras abordadas e quialteras (B menor).......................93

7.b-Exercício 7 - todas as figuras abordadas e quialteras (Bb Maior).....................93

8.b-Exercício 8 - todas as figuras abordadas e quialteras (G menor).......................94

9.b-Exercício 9 - todas as figuras abordadas e quialteras (Eb Maior).....................94

10.b-Exercício 10 - todas as figuras abordadas e quialteras (C menor) 95

11.b-Exercício 11 - todas as figuras abordadas e quialteras (A maior).....................95

12.b-Exercício 11 - todas as figuras abordadas e quialteras (F# menor)................96

13.b- Exercício sem acompanhamento..96

14.b- Exercício sem acompanhamento..97

15.b-Duo..98

16.b-Duo..99

Capitulo IV - Décima segunda posição.

● IV. a - NOTAS NATURAIS...100

1.a – Exercício 1 c/ semibreves (Extensão Dó 4 – Sol 4)......................................101

2.a – Exercício 2 c/ semibreves (Extensão Dó 4– Dó 5)..102

INDICE

3.a – Exercício 3 c/ mínimas (Extensão Dó 4– Sol 5)......................103
4.a – Exercício 4 c/ mínimas (Extensão Lá 3 – Sol 5)......................104
5.a– Exercício 5 c/ semínimas (Extensão Lá 3 – Sol 5)....................105
6.a– Exercício 6 c/ semínimas (Extensão Sol 3 – Sol 5)..................106
7.a – Exercício 7 c/ semínimas e pausas (Extensão Sol 3 - Sol 5).....................107
8.a – Exercício 8 c/ semínimas e pausas.
Extensão completa da décima segunda posição.............................107
9.a – Exercício 9 c/ semínimas e pausas.
Extensão completa da décima segunda posição.............................108
10.a – Exercício 10 c/ semínimas e pausas.
Extensão completa da décima segunda posição.............................109
11.a – Exercício 11 c/ colcheias.
Extensão completa da décima segunda posição.............................109
12.a – Exercício 12 c/ colcheias e pausas.
Extensão completa da décima segunda posição.............................110
13.a – Exercício sem acompanhamento 110
14.a – Exercício sem acompanhamento..111
15.a – Duo 112
16.a – Duo 113

- IV. b - DICAS..114

BIBLIOGRAFIA...122

PREFÁCIO

Existe uma piada corrente entre os músicos que diz o seguinte: Sabe como fazer para um guitarrista abaixar o volume da guitarra? Não? Coloque uma partitura na frente dele...

Esta piada, apesar de um pouco desatualizada, mostra uma realidade que infelizmente ainda permeia a vida profissional de guitarristas no Brasil.

Lembro-me ainda de quando Felipe esteve na minha casa, após retornar do curso que fez em Los Angeles, e fiquei bastante impressionado com a habilidade que ele desenvolveu para ler partituras à primeira vista na guitarra em tão pouco tempo. Na hora falei: Felipe, você deve escrever um livro mostrando o passo-a-passo deste método para desenvolver a leitura à primeira vista.

Imediatamente Felipe começou a trabalhar, me trazendo periodicamente rascunhos e idéias para discutirmos que, por final, se transformaram neste livro.

Acredito que este trabalho vem preencher uma lacuna na bibliografia da guitarra no Brasil, sendo de extrema importância para guitarristas amadores e profissionais.

Parabéns Felipe por este belo trabalho. A música Brasileira agradece.

SOBRE O AUTOR

Felipe Guerzoni nasceu em Belo Horizonte em 10 de Julho em 1978. Graduou-se em guitarra pela Los Angeles Music Academy em 1999, em licenciatura em música com habilitação em violão erudito pela Universidade Estadual de Minas Gerais em 2004. Concluiu o mestrado em música pela Universidade Federal de Minas Gerais em 2014.

Estudou com diversos professores, entre eles Frank Gambale, Nelson Faria Ian Guest, Bill Fowler, Oiliam Lanna, Jeff Richman, Linda Taylor, Nelson Salomé entre outros.

Atua em diversas escolas de música como professor de guitarra, violão popular/erudito e percepção musical.

Participou de concursos de composição organizados pelo BDMG tocando ao lado de grandes nomes como o guitarrista, arranjador, autor e compositor Nelson Faria (ano de 2002) e Luiz Henrique (fundador do grupo feijão de cordas), vencedor no ano de 2005.

Tocou com Nelson Faria, Toninho Horta, Cliff Korman, Eduardo Toledo, Roberio Molinari, Luiz Henrique (trabalho solo), Nestor Lombida, Chon Tai Yeung, Marcelo Rocha, Marcelo Padre, Bo Hilbert, Bernardo Fabris, Cleber Alves, Sulyen Dantas entre outros.

Atua profissionalmente como violonista e guitarrista freelancer em grupos de câmara e Big Bands.

INTRODUÇÃO

O livro possui quatro capítulos, sendo que cada um é subdividido em duas seções. Na primeira, serão abordadas apenas notas naturais, e na segunda, notas naturais e alteradas.

LEITURA POR POSIÇÕES

A leitura por posições consiste na disposição das notas em forma vertical em pontos específicos da guitarra ou do violão.

Exemplo: Segunda posição

1ª CASA

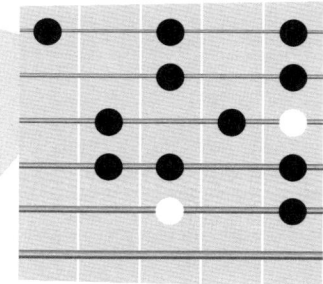

Ex: Quinta posição

5ª CASA

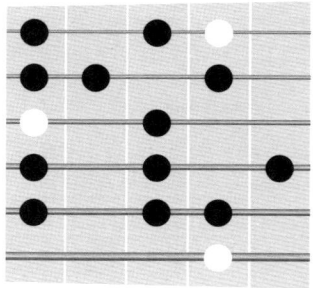

Serão utilizadas a segunda, quinta, oitava e décima segunda posições.

CRITÉRIOS PARA A DEFINIÇÃO DAS POSIÇÕES

Para estabelecer o nome e a posição são necessários dois procedimentos:

- Fixar uma nota referencial, no caso o Dó 3 ou o Dó 4 dependendo da posição;

- Definir qual dedo da mão esquerda iniciará a digitação da posição;

Após o cumprimento desses critérios, o dedo 1 é quem nomeia a posição.

Exemplos:

1ª CASA

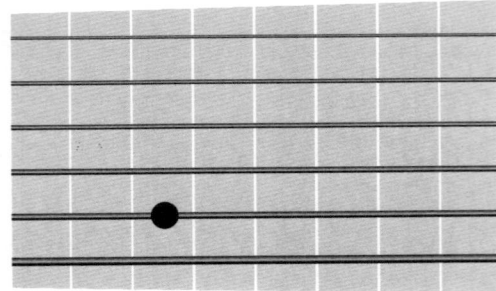

Dedo 3

Se iniciarmos a digitação com o dedo 3, como mostra o exemplo acima, o dedo 1 estará na casa 1 nomeando, assim, a posição, nesse caso, a primeira posição.

1ª CASA

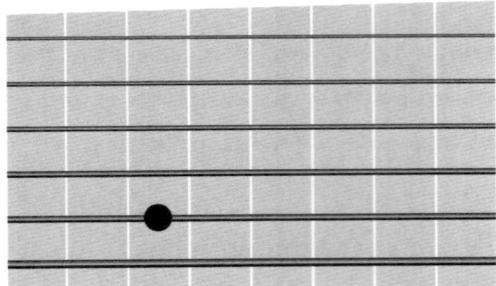

Dedo 2

Se iniciarmos a digitação com o dedo 2, o dedo 1 estará na casa 2, nomeando, assim, a posição, nesse caso, a segunda posição.

DIAGRAMA GERAL —{ Braço do instrumento }

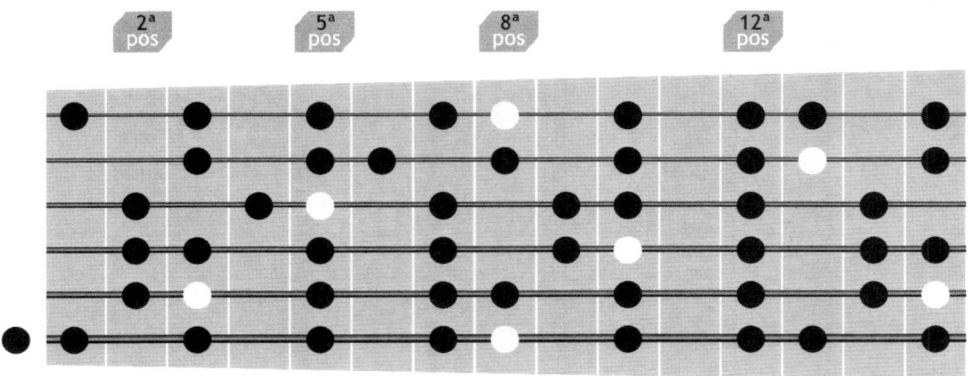

As bolas brancas são as notas referenciais, no caso (Dó). As demais são notas naturais.

DIAGRAMA FRAGMENTADO —{ Braço do instrumento }

Cada digitação deve ser iniciada com o dedo proposto, como demonstram os exemplos a seguir.

Segunda posição

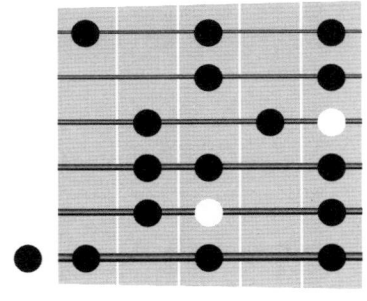

Dedo 2

Nesta posição, o dedo 2 deve iniciar e permanecer no Dó 3, na casa 3, corda 5, tendo como referência o Dó 3.

Quinta posição:

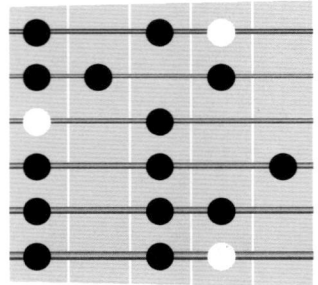

Dedo 4

Iniciar com o dedo 4, na casa 8, corda 6, tendo como referência o Dó 3.

Oitava posição:

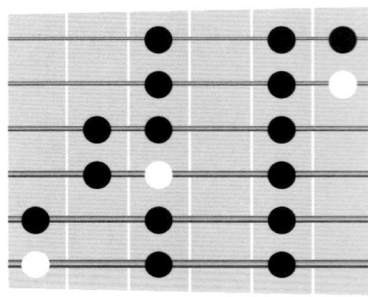

Dedo 1

Iniciar com o dedo 1 na casa 8, corda 6, tendo o Dó 3 como referência.

Décima segunda posição:

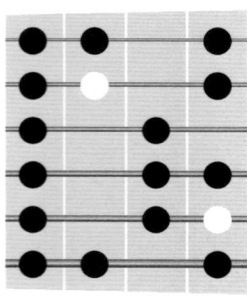

Dedo 4

Iniciar com o dedo 4 na casa 15, corda 5, tendo o Dó 4 como referência.

Os exercícios não se resumem apenas à leitura das linhas melódicas. As cifras que acompanham cada um deles deve ser executada por outro colega ou professor, como mostra o exemplo abaixo.

- Recomenda-se que o aluno leia as cifras independentemente do colega ou professor.
- Nem todos os exercícios possuem cifras como acompanhamento.

- Outros exercícios apresentam-se na forma contraponto.

O aluno executa a linha superior (1) e o professor ou colega, a inferior (2).
Após a execução, o aluno assume a linha inferior (2) e o professor ou colega, a linha superior (1).

EXERCÍCIO PRELIMINAR DA VISÃO

O exercício proposto tem como objetivo o desenvolvimento da visão periférica que, por sua vez, torna o aluno apto a ler notas e compassos antecipados.

{ PROCEDIMENTO }

Este exercício deve ser feito antes de qualquer leitura.

O aluno deve manter o olho fixo no número 1 e tentar visualizar os números 2 ao redor do número 1. Após alguns segundos, os demais números ficarão embaçados. Posteriormente, os números 2 ao redor do número 1 deverão ser ignorados e a fixação deverá se voltar apenas aos números 3 e assim por diante com todos os números.

{ Exemplo }

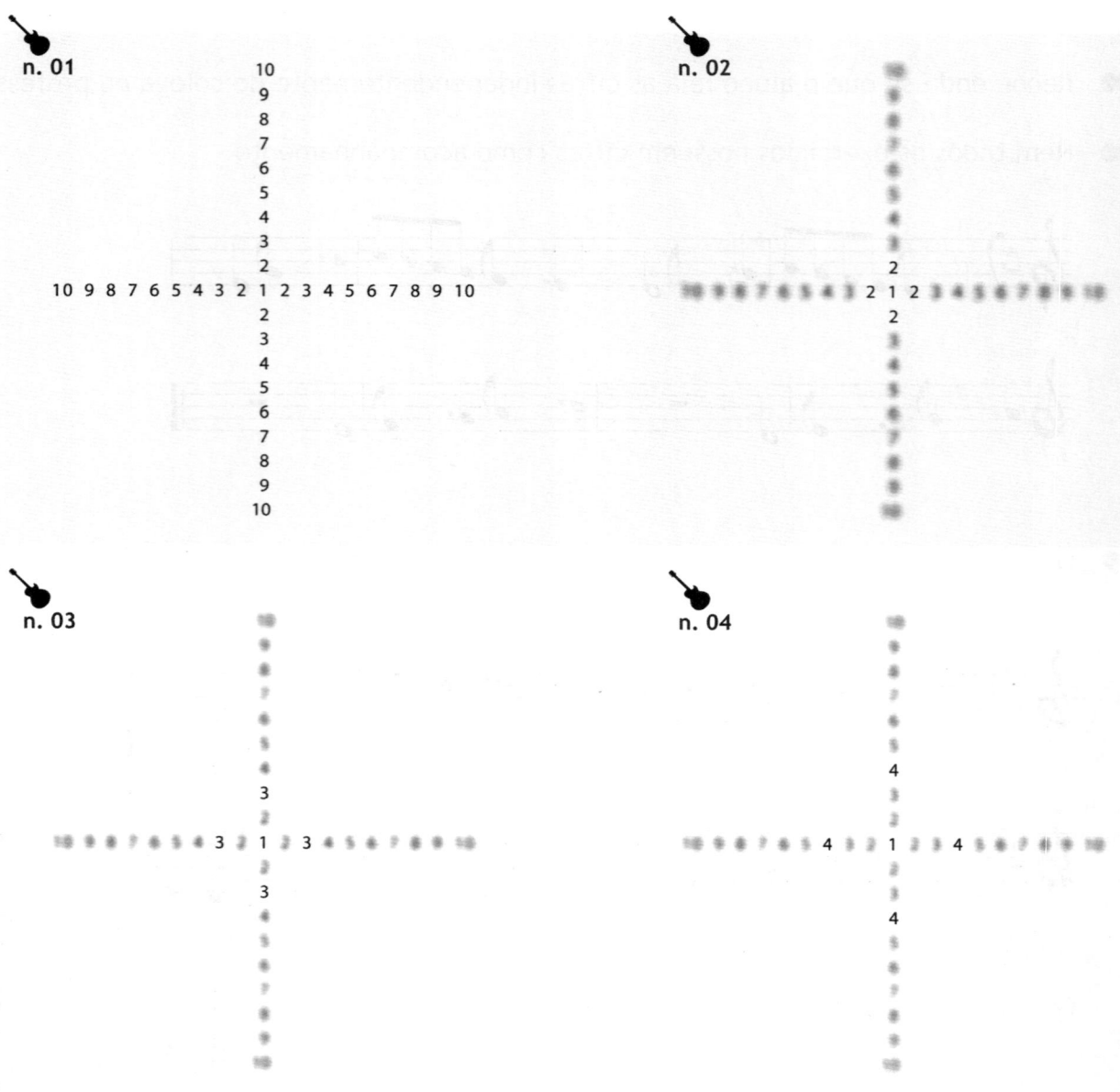

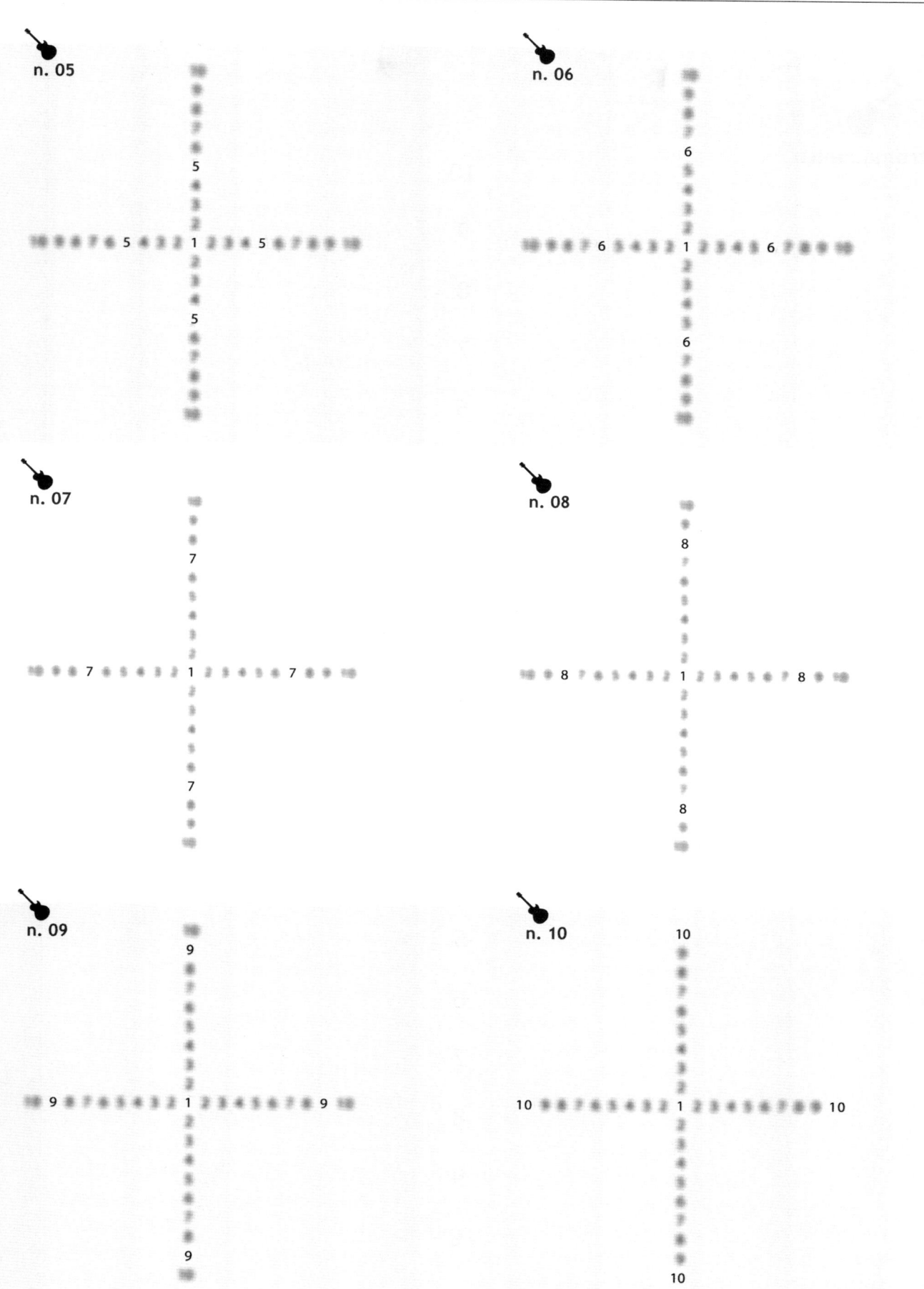

treinamento

									10									
									9									
									8									
									7									
									6									
									5									
									4									
									3									
									2									
10	9	8	7	6	5	4	3	2	1	2	3	4	5	6	7	8	9	10
									2									
									3									
									4									
									5									
									6									
									7									
									8									
									9									
									10									

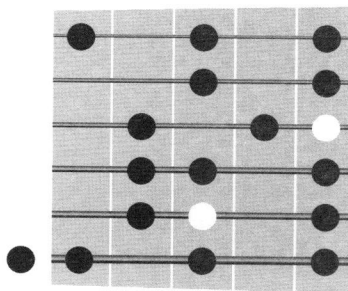
Segunda posição

Dedo 2

CAPÍTULO 1.A

SEGUNDA POSIÇÃO

{ NOTAS NATURAIS }

{ exercício 1 }

Trabalharemos com as notas Dó 3, Ré 3, Mi 3, Fá 3 e Sol 3 de acordo com o exemplo abaixo. Nos exercícios seguintes, acrescentaremos, a cada um, outras notas.

Representação das notas no diagrama:
A bola branca é o Dó 3

Extensão: Dó 3 - Sol 3

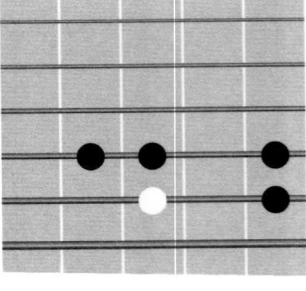

dedo 2

O padrão rítmico utilizado será a semibreve.

{ exercício 2 }

Extensão: Dó 3 - Lá 3.   Representação das notas no diagrama:

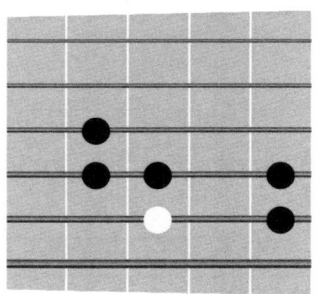
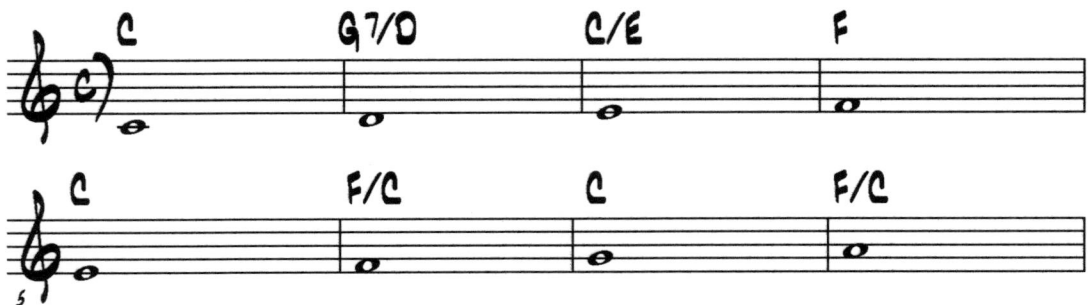

{ exercício 3 }

🎸 Extensão: Dó 3 - Dó 4   Representação das notas no diagrama

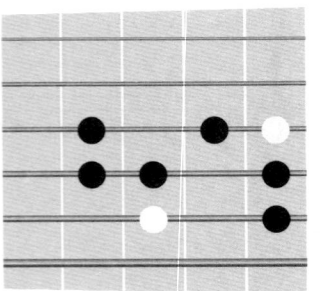

🎸 Adicionaremos uma nova célula rítmica, no caso a mínima.

🎸 Todos os exercícios são acumulativos no que se refere à extensão ou ritmo.

{ exercício 4 }

Extensão: Si 2 - Ré 4   Representação das notas no diagrama

{ exercício 5 }

🎸 Mínimas e pausa - Extensão Lá 2 - Mi 4.   Representação das notas no diagrama

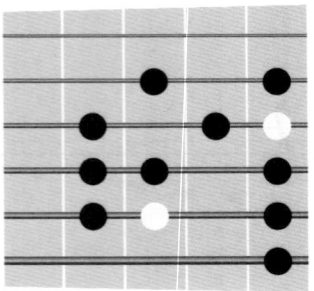

Neste exercício, o padrão rítmico permanece o mesmo, como no exercício anterior, porém com o acréscimo de pausas, no caso a de mínima.

{ exercício 6 }

Sinais de repetição e saltos.

Ritornello: Indica a repetição de um trecho.

Toca-se até o sinal indicado e repete.

1ª vez --
2ª vez --

Casas de 1ª e 2ª vez: utilizadas quando uma música ou um trecho se repetem, porém com finais diferentes.

1ª vez --
2ª vez --- salto ----------------

{ exercício 7 }

🎸 Extensão: Fá 2 - Sol 4.

Agora acrescentaremos uma nova célula rítmica. A semínima.

Representação das notas no diagrama:

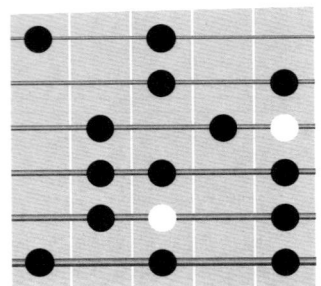

{ exercício 8 }

Extensão : Mi 2 - Lá 4.

Representação das notas no diagrama:

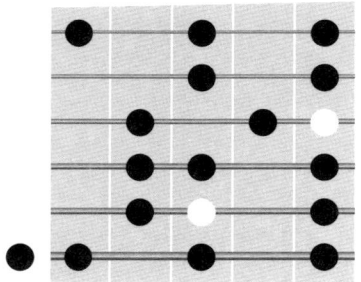

{ exercício 9 }

Aqui acrescentaremos a pausa referente à semínima, lembrando que os exercícios são acumulativos no que se refere à extensão ou ritmo.

- Semínima.

- Pausa de semínima

- Misturando as figuras.

{ exercício 10 }

{ exercício 11 }

Acrescentaremos uma nova célula rítmica: a colcheia, como mostra o exemplo ao lado.

{ exercício 12 }

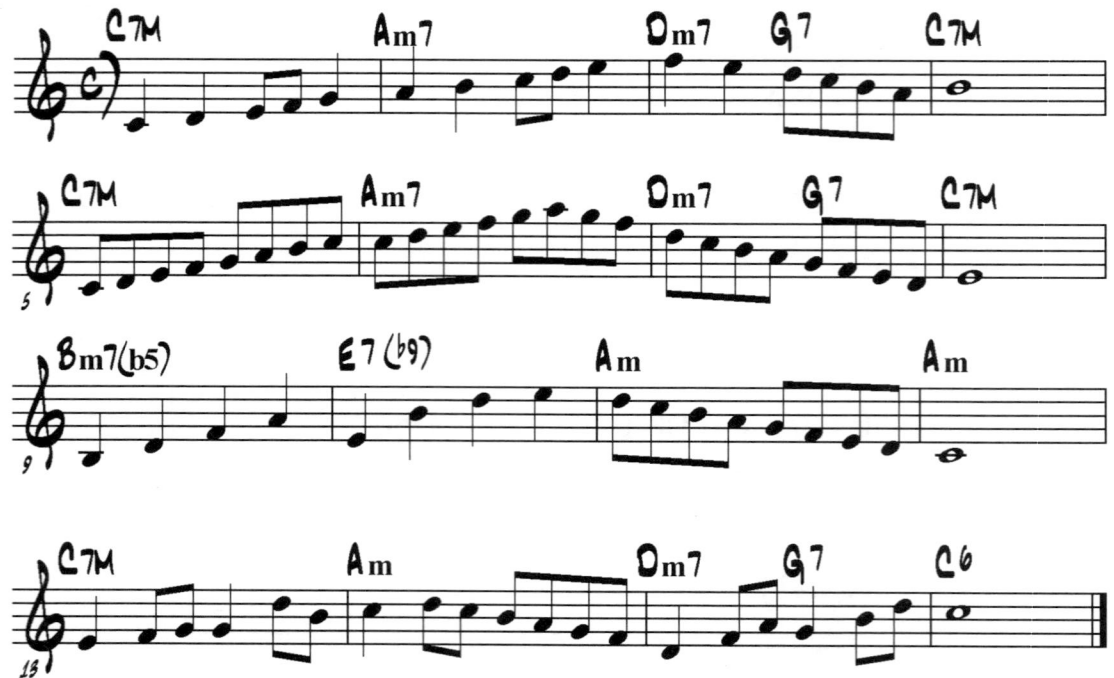

{ exercício 13 }

{ exercício 14 }

{ exercício 15 }

Este é um exercício a duas vozes, que deve ser tocado com outro colega ou professor. O aluno toca primeiro a voz inferior e o professor, a superior. Logo depois, o aluno executa a voz superior e o professor a inferior.

{ exercício 16 }

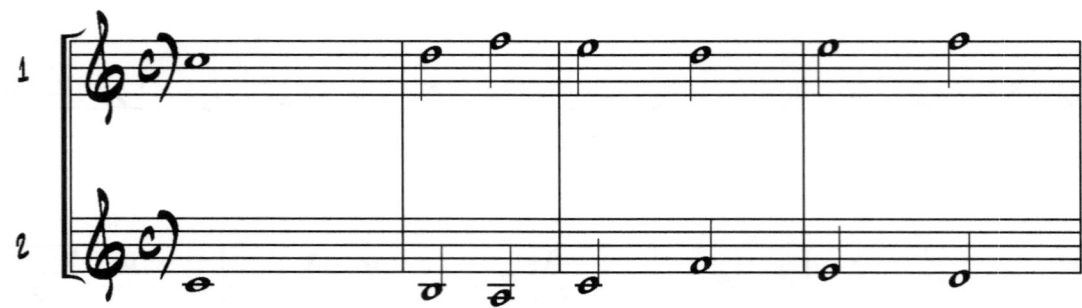
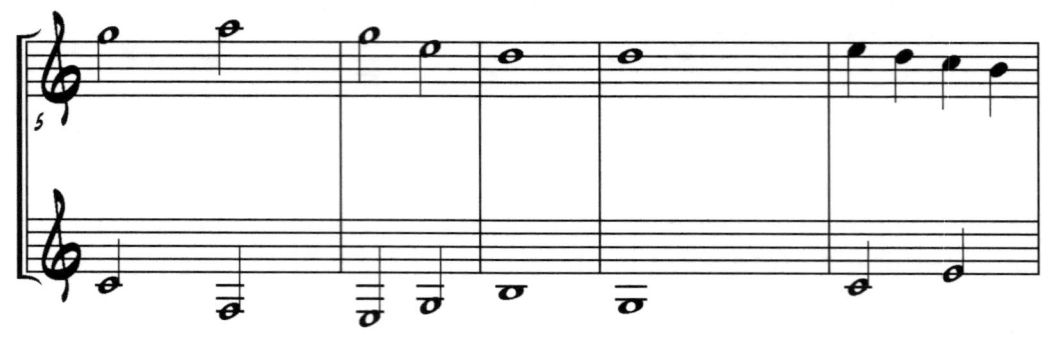

CAPÍTULO I . B

SEGUNDA POSIÇÃO
{ NOTAS ALTERADAS }

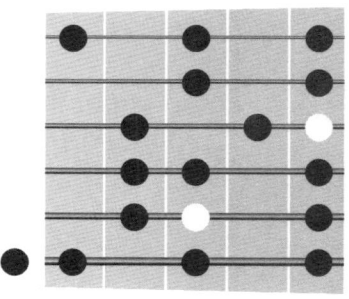

Segunda posição

Dedo 2

Trabalharemos neste capítulo as notas alteradas.

Acidente ou alteração - é o sinal que, colocado diante da nota, modifica sua entoação.

Sinais de alteração:

Sustenido: eleva a altura da nota natural um semitom (ou meio tom).

Bemol: abaixa a altura da nota natural um semitom (ou meio tom).

Bequadro: anula o efeito dos demais acidentes, tornando a nota natural.

Existem outras duas alterações, dobrado bemol e dobrado sustenido, que não serão abordadas neste livro.

Acidente fixo ou tonal: seu efeito estende-se sobre todas as notas do mesmo nome, durante todo o trecho, salvo indicação contrária. Coloca-se no começo do trecho.
O conjunto de acidentes fixos, grafado entre a clave e a fração do compasso, chama-se armadura.

Como podemos ver, as nota Fá, Dó e Sol estão alteradas em função da armadura, como mostra o exemplo acima. Isso implica que todo Fá, Dó e Sol são sustenidos.

Outro exemplo com bemois:

Acidente ocorrente: coloca-se à esquerda da figura e altera todas as notas de mesmo nome e de mesma altura que surgirem depois da alteração até o final do compasso em que se encontra.

Se dentro do mesmo compasso houver uma nota alterada e depois dela notas iguais em oitavas diferentes, torna-se necessário colocar as alterações também nas notas oitavadas, pois o acidente ocorrente só afeta as notas de mesma altura.

Acidente de precaução: este não será abordado neste livro.

{ exercício 1 }

Tonalidade: Sol Maior (G Maior)

{ exercício 2 }

Tonalidade: Mi menor (E menor)

{ exercício 3 }

Tonalidade: Fá Maior (F Maior)

{ exercício 4 }

Tonalidade: Ré menor (D menor)

Felipe Guerzoni

{ exercício 5 }

Tonalidade: Ré Maior (D Maior)

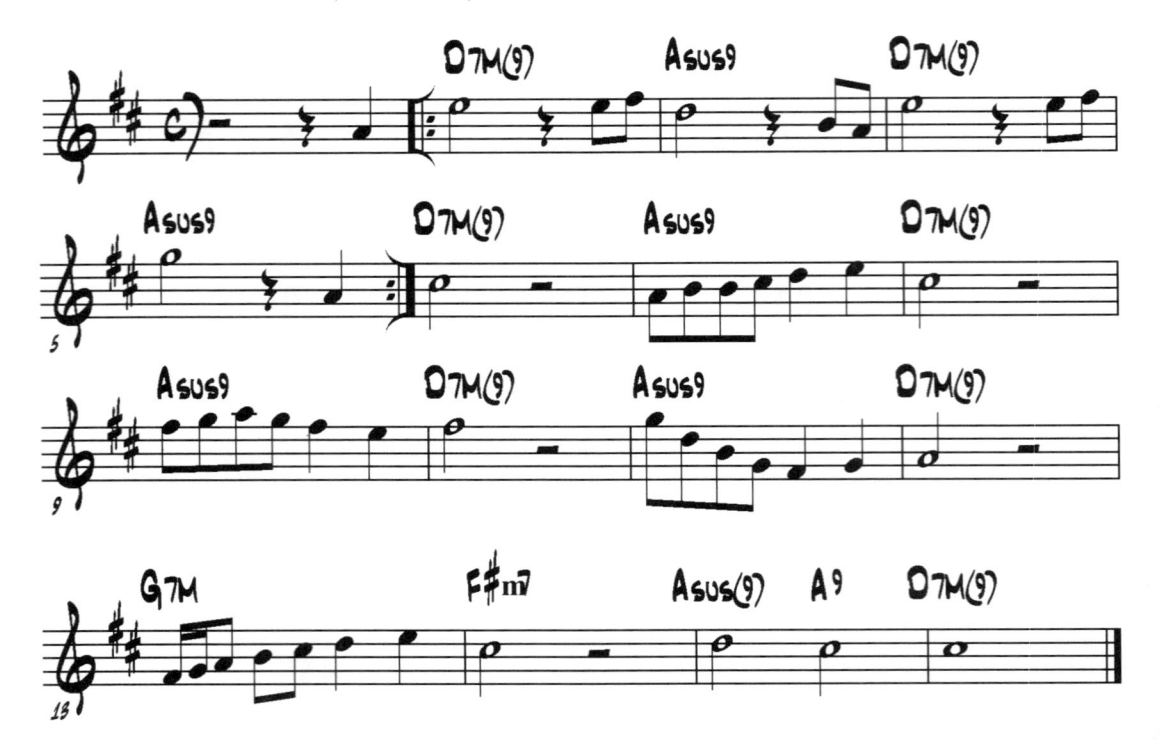

{ exercício 6 }

Tonalidade: Si menor (B menor)

{ exercício 7 }

Tonalidade: Si bemol maior (Bb Maior)

{ exercício 8 }

Tonalidade: Sol menor (G menor)

{ exercício 9 }

Tonalidade: Lá Maior (A Maior)

{ exercício 10 }

Tonalidade: Fá# menor (F# menor)

{ exercício 11 }

Tonalidade: Mib Maior (Eb Maior)

{ exercício 12 }

Tonalidade: Dó menor (C menor)

Felipe Guerzoni

{ exercício 13 }

{ exercício 14 }

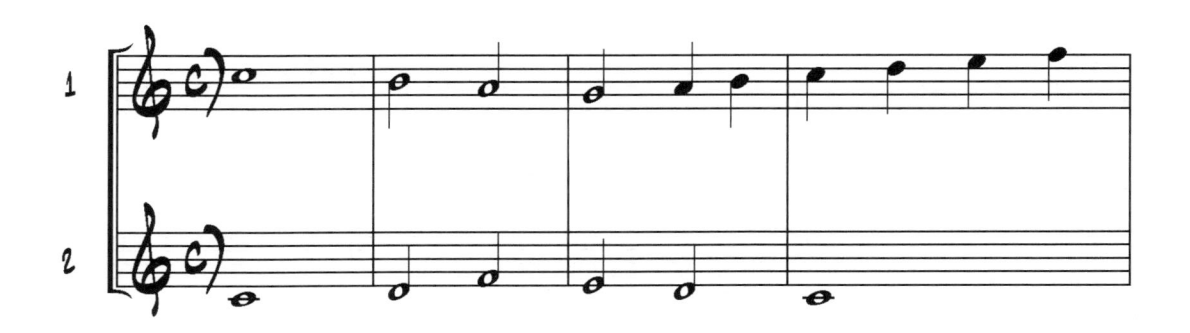

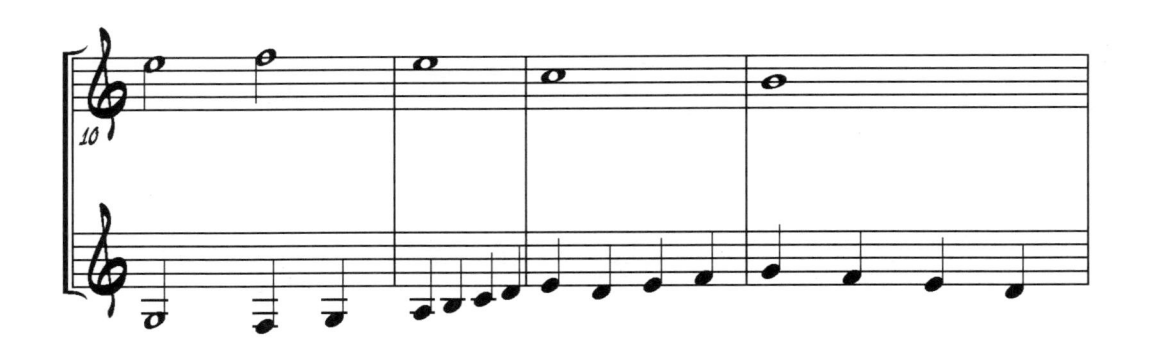

{ exercício 15 }

{ exercício 16 }

CAPÍTULO II . A

QUINTA POSIÇÃO
{ NOTAS NATURAIS }

Quinta posição:

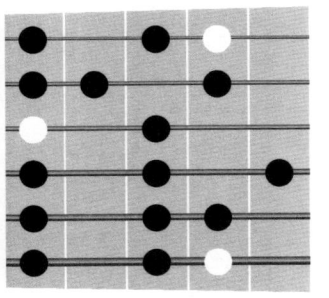

Dedo 4

Neste capítulo acrescentaremos dois elementos rítmicos:
ponto de aumento e ligadura.

Ponto de aumento: É um sinal que, colocado à direita de uma nota ou pausa, aumenta a metade do seu valor.

𝄞 o. = o + 𝅗𝅥

𝅗𝅥. = 𝅗𝅥 + 𝅗𝅥

𝅘𝅥. = 𝅘𝅥 + 𝅘𝅥𝅮

Ligadura de prolongamento: é a ligadura colocada entre sons de mesma altura, somando-lhes a duração.

{ exercício 1 }

Extensão: Dó 3 - Sol 3

Padrão rítmico: Semibreve e semibreve com ligaduras.

Representação das notas no diagrama:

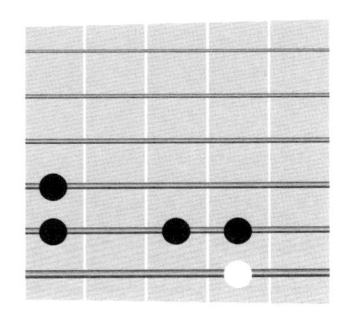

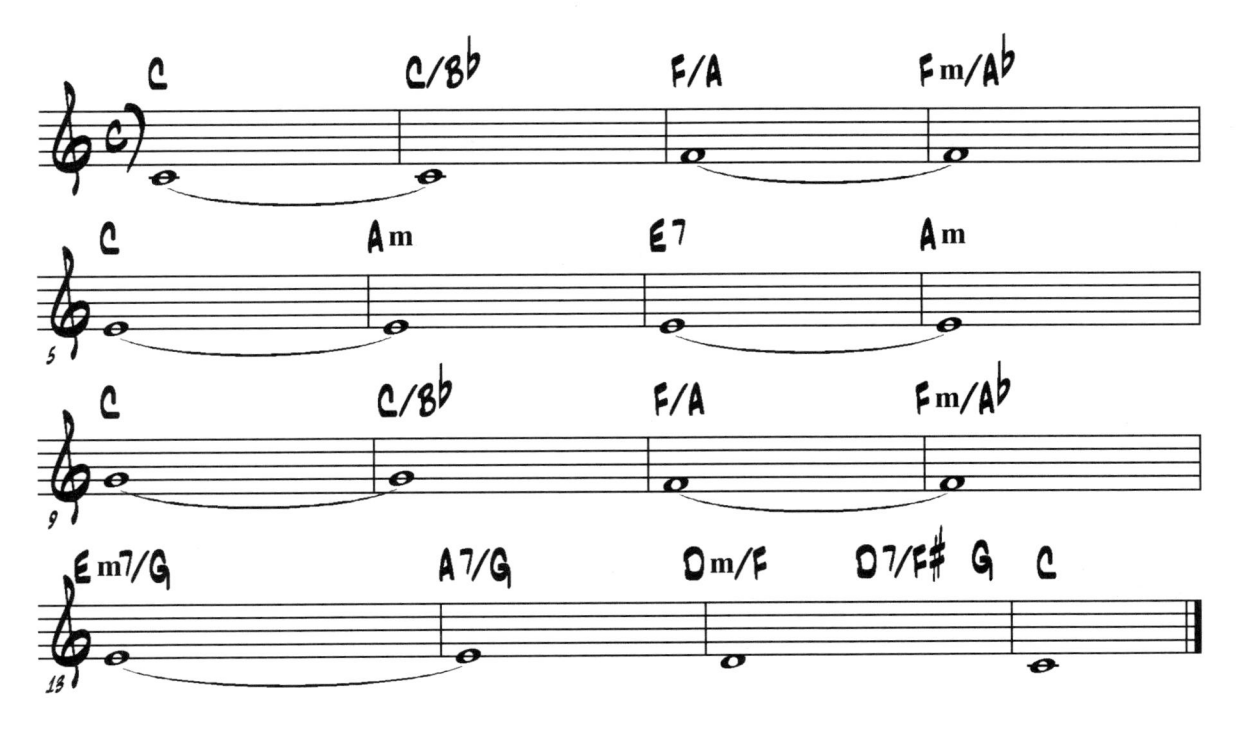

{ exercício 2 }

Extensão: Dó 3 - Lá 3

Representação das notas no diagrama

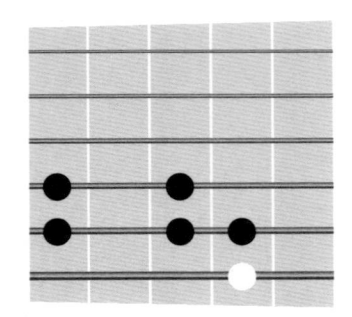

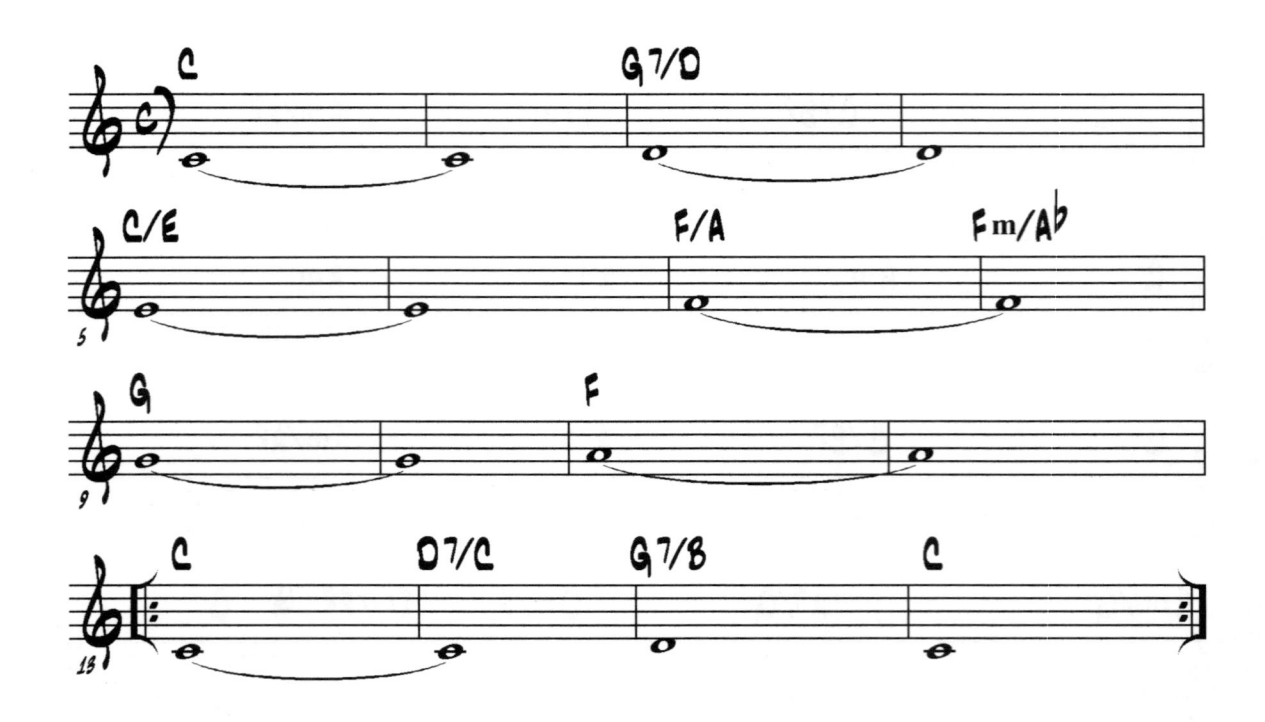

{ exercício 3 }

Extensão: Dó 3 - Dó 4

Padrão rítmico: mínimas com ligaduras.

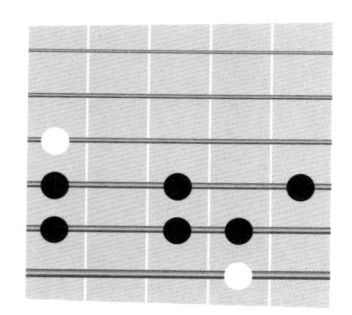

Representação das notas no diagrama:

{ exercício 4 }

Extensão : Si 2 - Ré 4

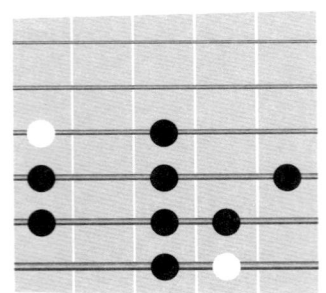

Representação das notas no diagrama:

{ exercício 5 }

Extensão: Lá 2 - Mi 4

Padrão rítmico: semibreves, mínimas, suas respectivas pausas e ligaduras.

Representação das notas no diagrama:

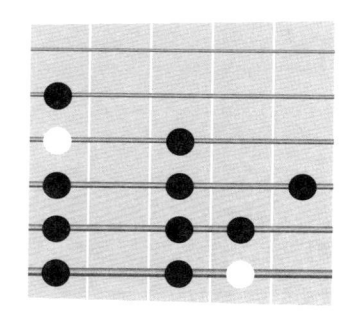

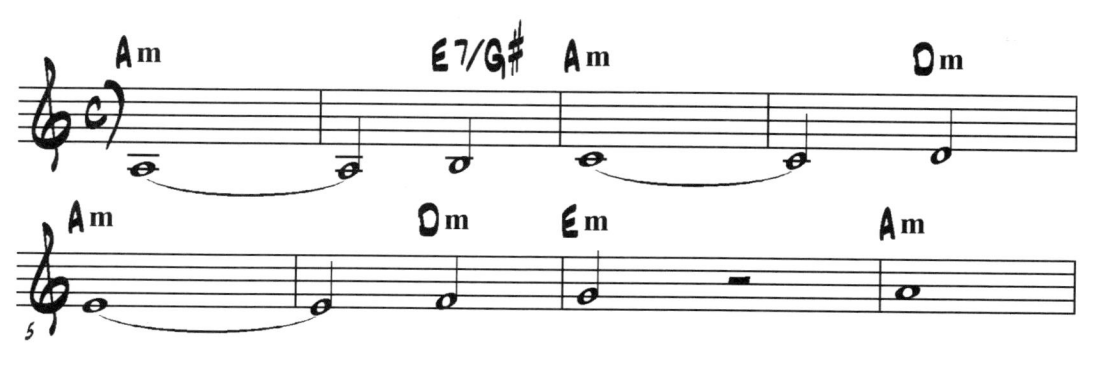

{ exercício 6 }

Extensão: Lá 2 - Sol 4

Representação das notas no diagrama:

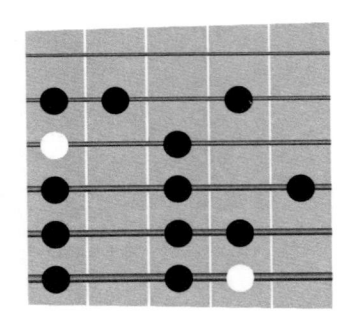

{ exercício 7 }

Extensão: Lá 2 - Si 4

As figuras rítmicas são acumulativas. Neste exercício, acrescentaremos as semínimas.

Representação das notas no diagrama:

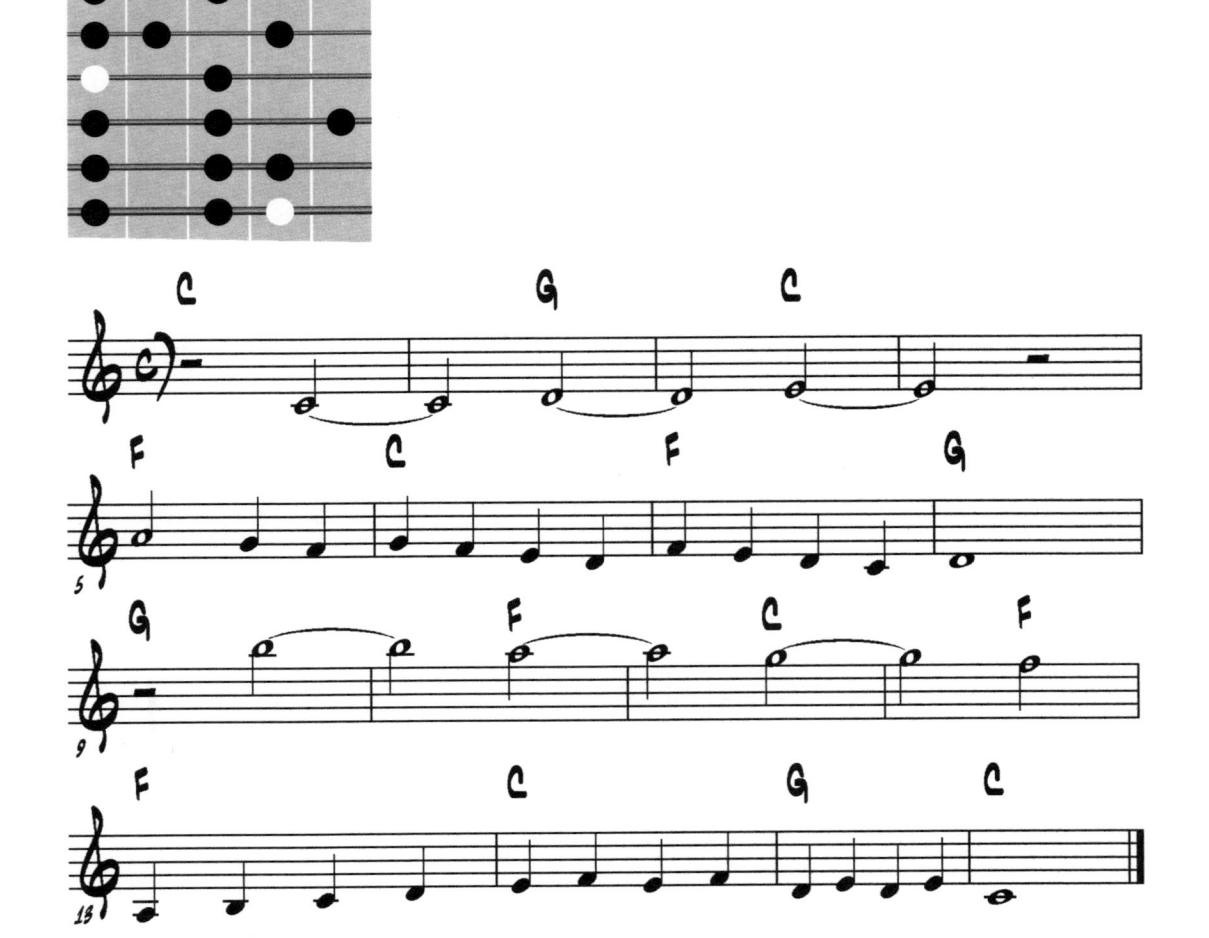

{ exercício 8 }

Extensão: Lá 2 - Dó 4

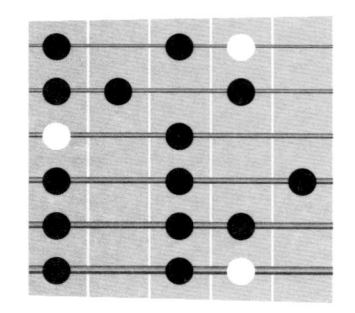

{ exercício 9 }

Acrescentaremos dois elementos rítmicos: o ponto de aumento e a pausa de semínima.

{ exercício 10 }

{ exercício 11 }

A colcheia e sua respectiva pausa.

{ exercício 12 }

{ exercício 13 }

{ exercício 14 }

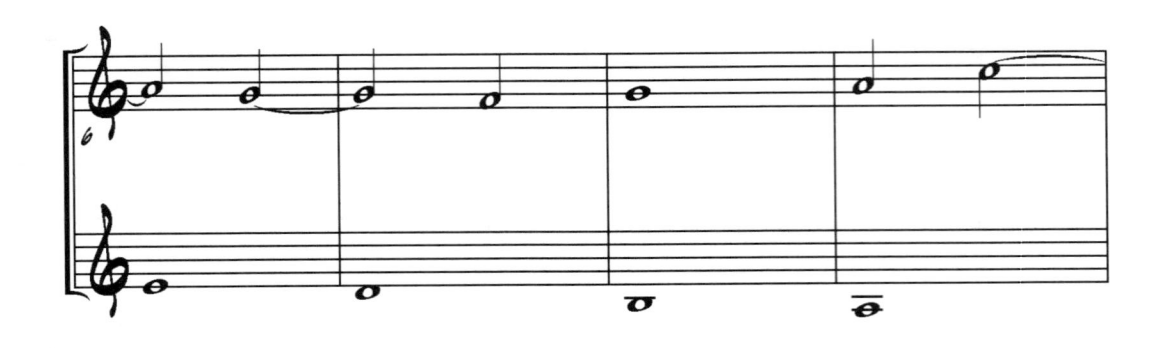

{ exercício 15 }

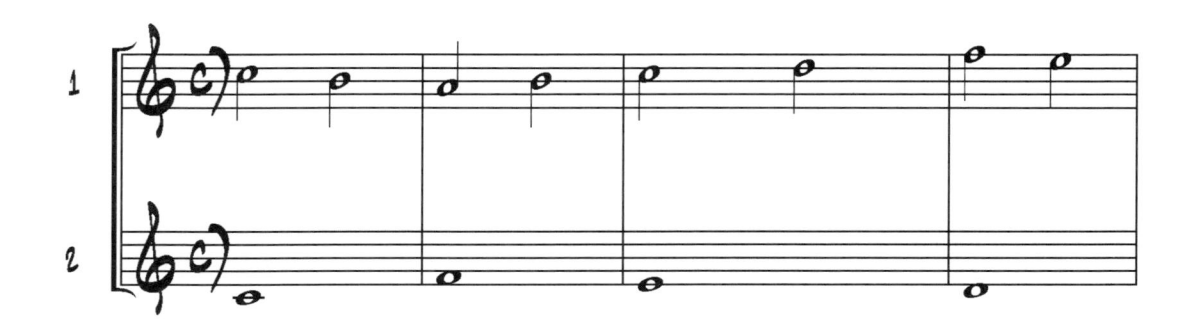

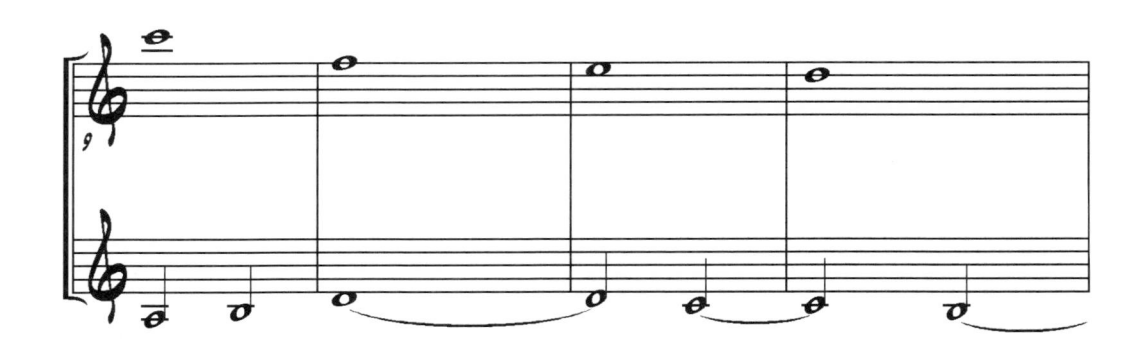

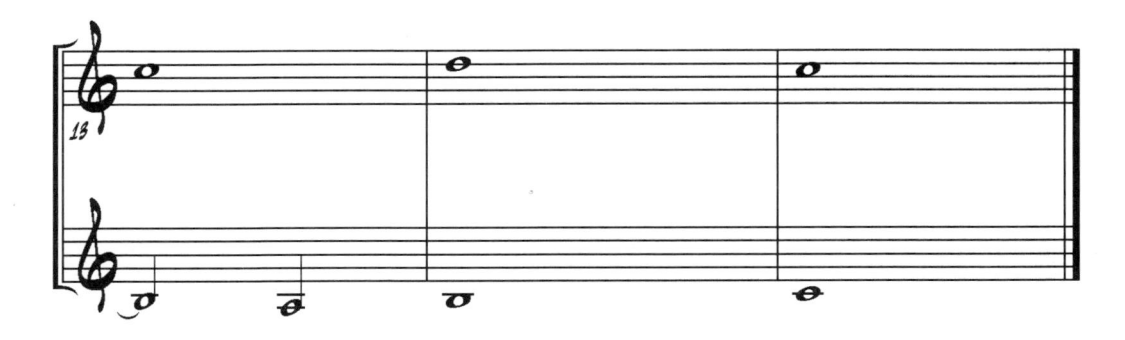

{ exercício 16 }

CAPÍTULO II . B

QUINTA POSIÇÃO
{ NOTAS ALTERADAS }

Quinta posição:

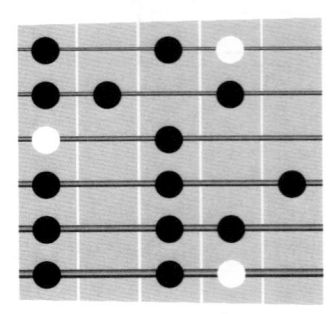

Dedo 4

{ exercício 1 }

Tonalidade : Sol Maior (G Maior)

{ exercício 2 }

Tonalidade: Mi menor (E menor)

{ exercício 3 }

Tonalidade: Fá Maior (F Maior)

{ exercício 4 }

Tonalidade: Ré menor (D menor)

{ exercício 5 }

Tonalidade: Ré maior (D maior)

{ exercício 6 }

Tonalidade: Si menor (B menor)

{ exercício 7 }

Tonalidade: Si bemol maior (Bb maior)

{ exercício 8 }

Tonalidade: Sol menor (G menor)

{ exercício 9 }

Tonalidade: Lá maior (A maior)

{ exercício 10 }

Tonalidade Fá menor (Fá menor)

{ exercício 11 }

Tonalidade: Mi bemol (Eb Maior)

{ exercício 12 }

Tonalidade: Dó menor (C menor)

{ exercício 13 }

{ exercício 14 }

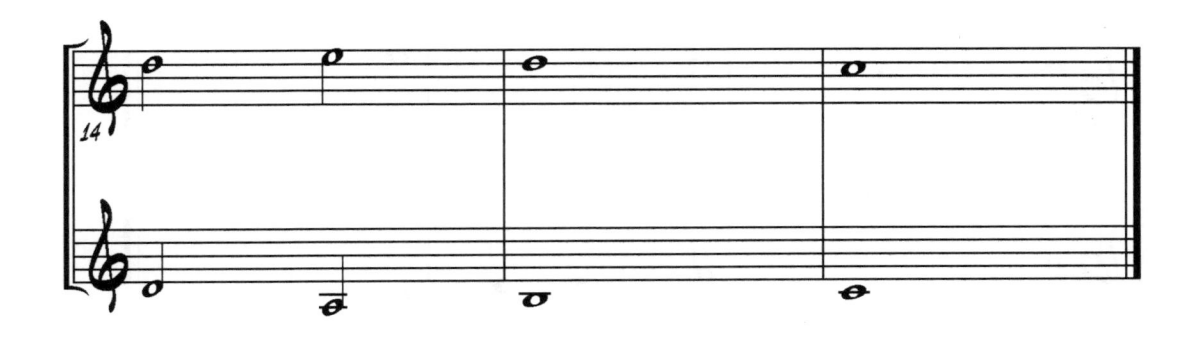

{ exercício 15 }

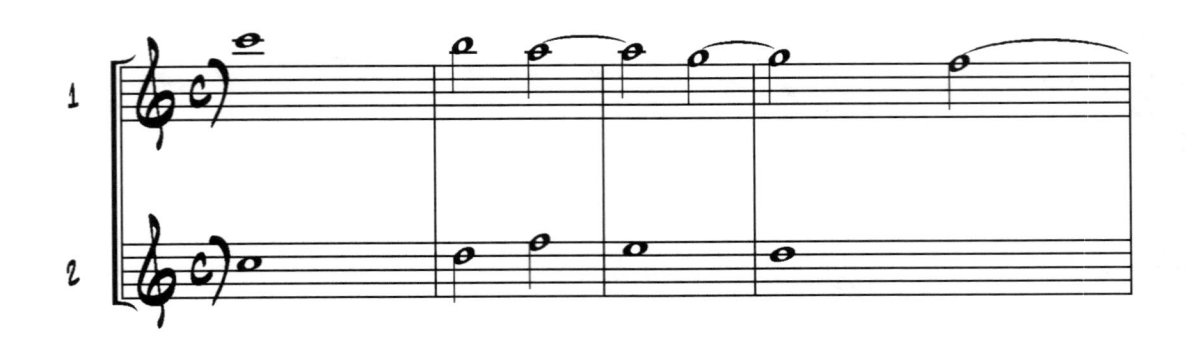

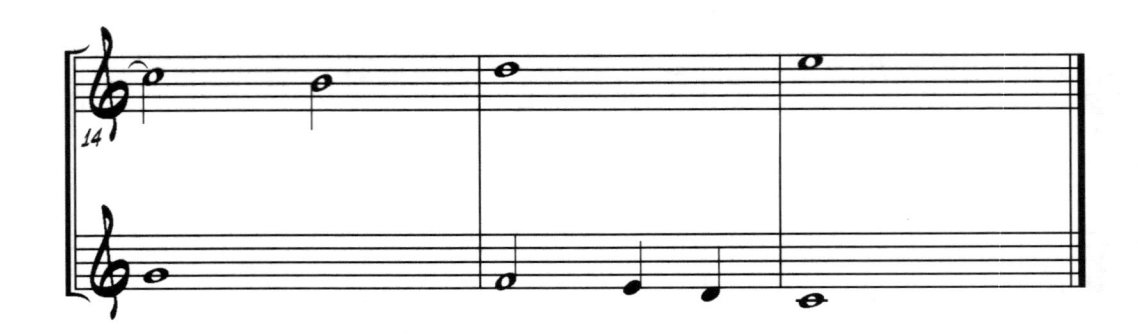

{ exercício 16 }

Oitava posição:

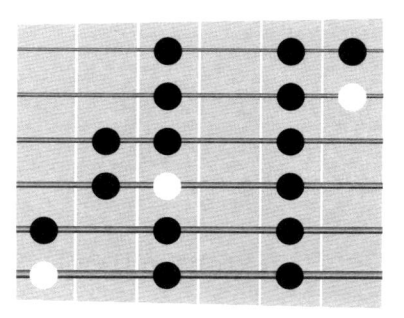

Dedo 1

CAPÍTULO III . A

OITAVA POSIÇÃO
{ NOTAS NATURAIS }

{ exercício 1 }

Extensão: Dó 3 - Sol 3

Padrão rítmico: semibreves e ligaduras.

Representação das notas no diagrama:

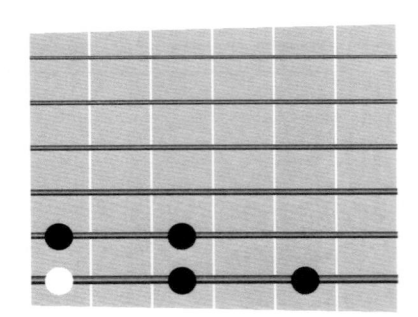

{ exercício 2 }

Extensão: Dó 3 - Dó 4

Representação das notas no diagrama:

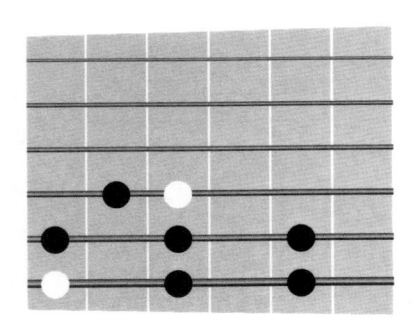

C	G/D	C/E	F
C	F	G	C
D7/C	G7/B	C	F
C	G7	C	C

{ exercício 3 }

{ exercício 4 }

Extensão: Dó 3 - Sol 4

Representação das notas no diagrama:

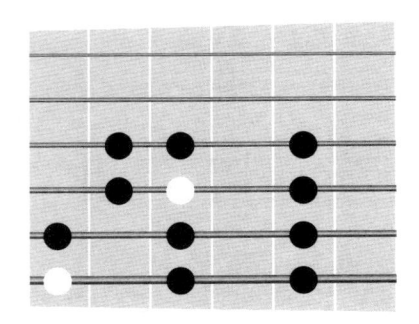

{ exercício 5 }

{ exercício 6 }

Extensão: Dó 3 - Dó 5

Padrão rítmico.

Representação das notas no diagrama:

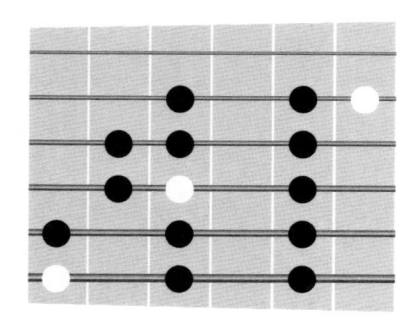

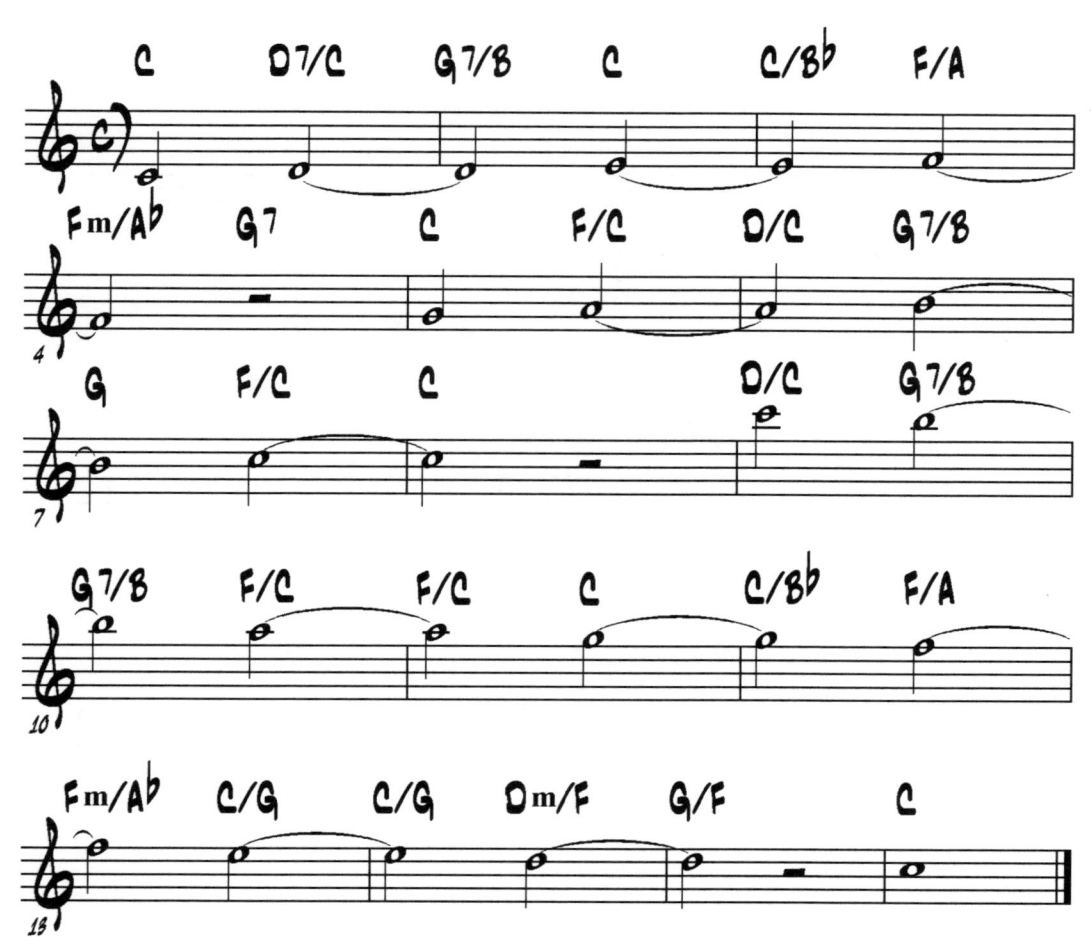

C	D7/C	G7/B	C	C/Bb	F/A
Fm/Ab	G7	C	F/C	D/C	G7/B
G	F/C	C		D/C	G7/B
G7/B	F/C	F/C	C	C/Bb	F/A
Fm/Ab	C/G	C/G	Dm/F	G/F	C

Felipe Guerzoni

{ exercício 7 }

Extensão: Dó 3 - Mi 5

Representação das notas no diagrama:

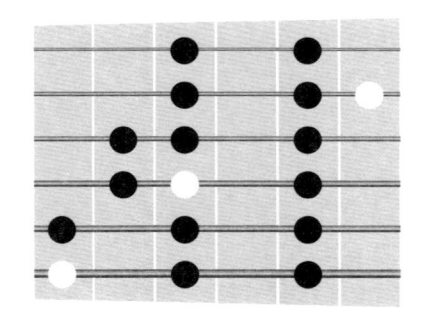

{ exercício 8 }

Extensão: Dó 3 - Fá 5

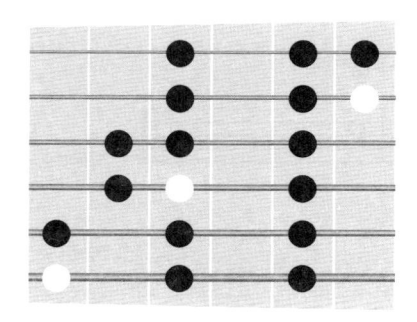

Representação das notas no diagrama:

{ exercício 9 }
{ exercício 10 }

{ exercício 11 }

{ exercício 12 }

{ exercício 13 }

{ exercício 14 }

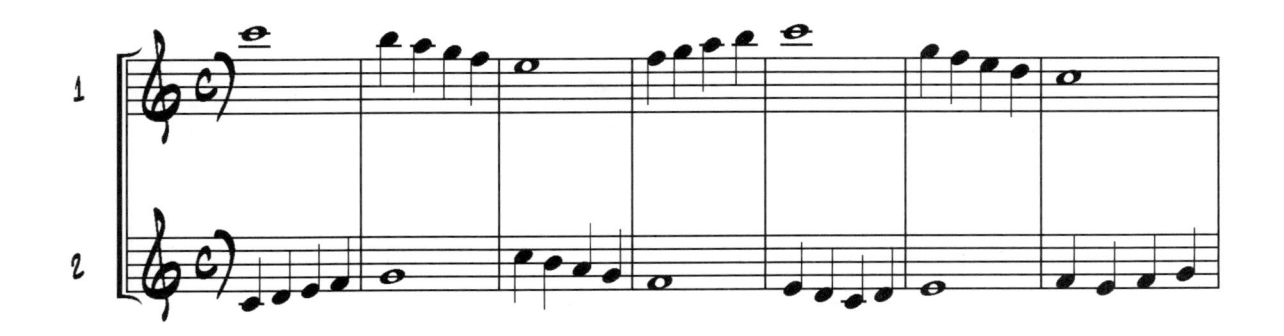

{ exercício 15 }

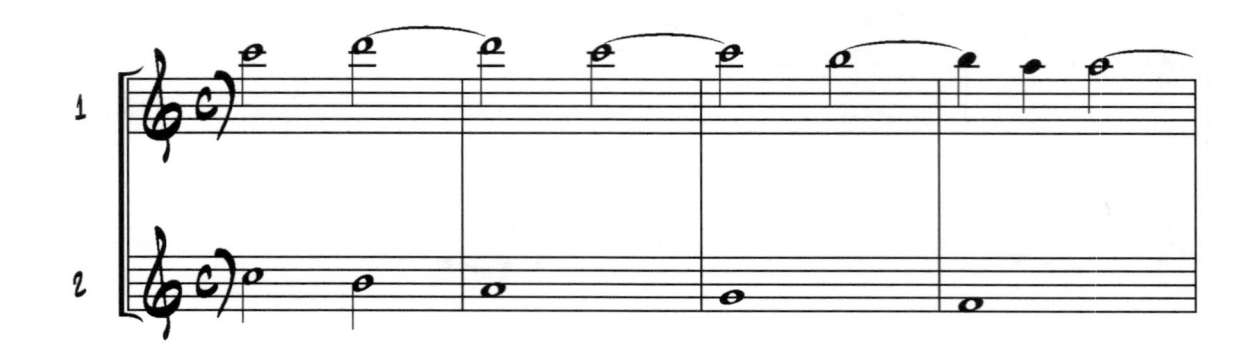

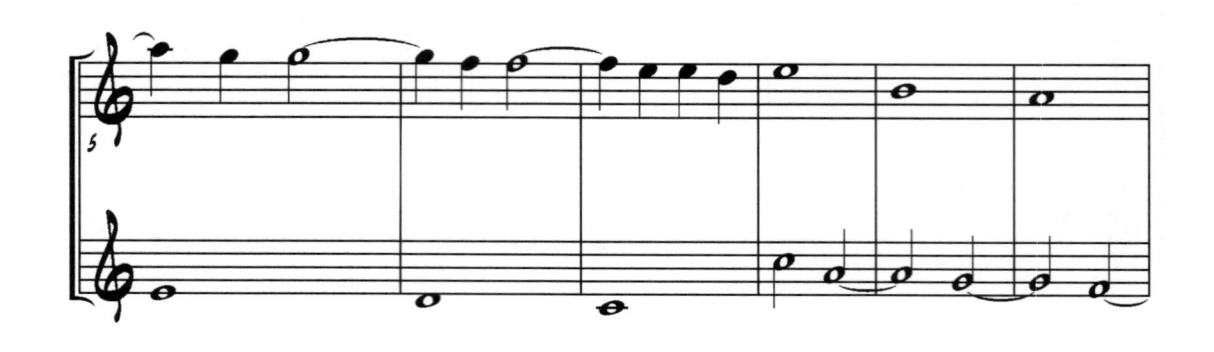

{ exercício 16 }

Oitava posição:

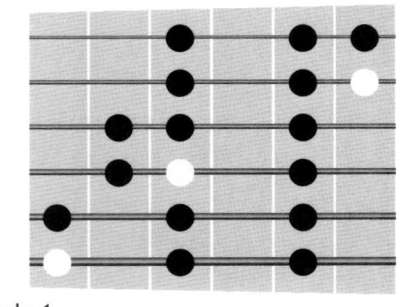

Dedo 1

CAPÍTULO III . B

OITAVA POSIÇÃO
{ NOTAS ALTERADAS }

Acrescentaremos uma nova célula rítmicas as quiálteras de semínimas, colcheias, suas pausas e suas possíveis combinações.

- Quiálteras de colcheias

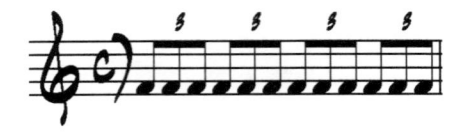

- Quiálteras de semínimas.

{ exercício 1 }

Tonalidade: Sol Maior (G Maior)

{ exercício 2 }

Tonalidade: Mi Menor (E menor)

{ exercício 3 }

Tonalidade: Fá Maior (F Maior)

{ exercício 4 }

Tonalidade: Ré menor (D menor)

{ exercício 5 }

Tonalidade: Ré Maior (D Maior)

{ exercício 6 }

Tonalidade: Si menor (B menor)

{ exercício 7 }

Tonalidade: Sib Maior (Bb Maior)

{ exercício 8 }

Tonalidade: Sol menor (G menor)

{ exercício 9 }

Tonalidade: Mi bemol Maior (Eb Maior)

{ exercício 10 }

Tonalidade: Dó menor (C menor)

{ exercício 11 }

Tonalidade: Lá Maior (A Maior)

{ exercício 12 }

Tonalidade: Fá # menor (F# menor)

{ exercício 13 }

{ exercício 14 }

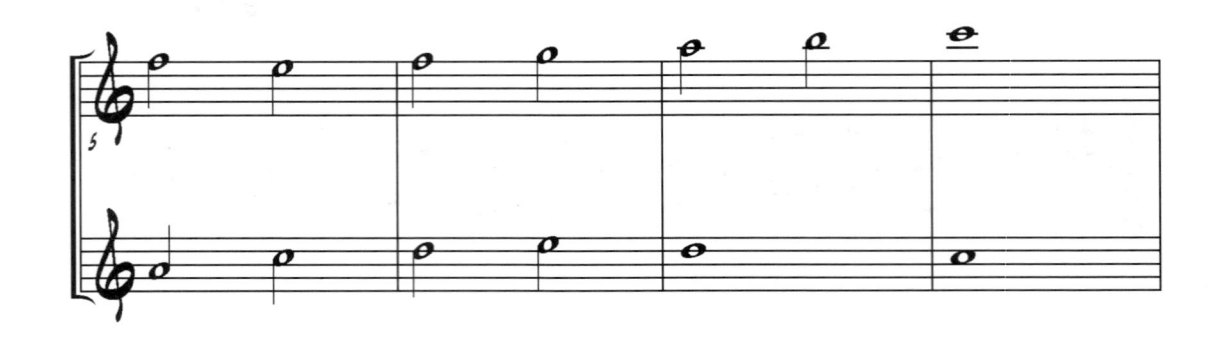

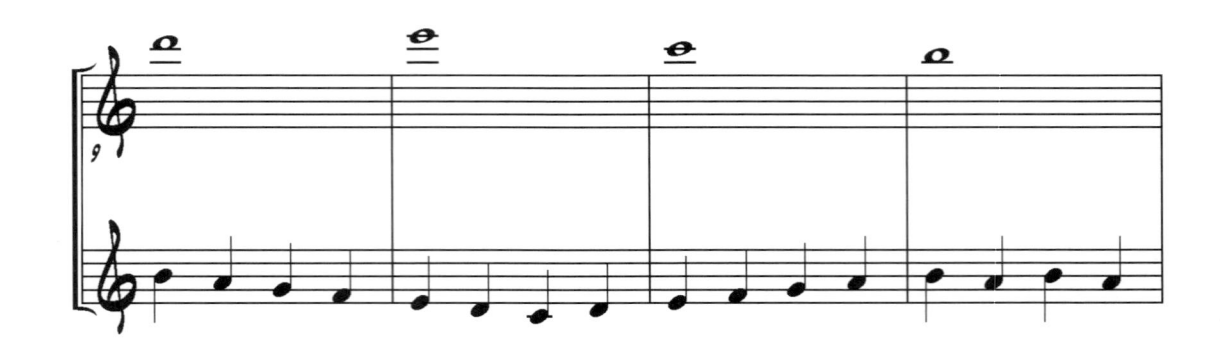

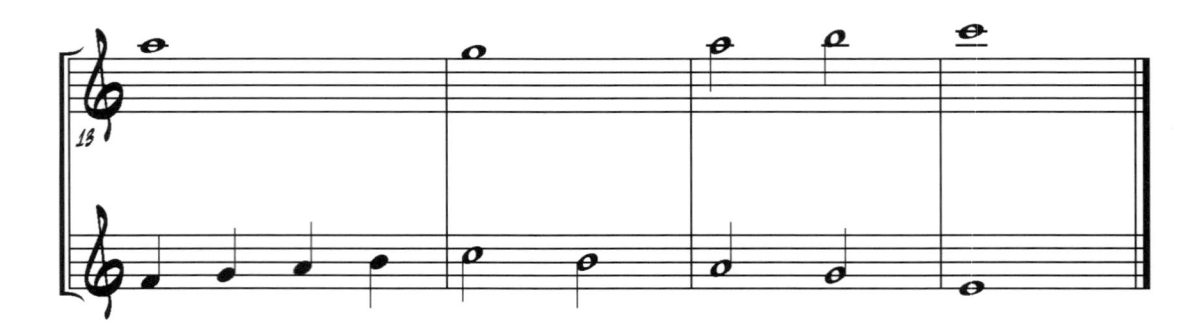

{ exercício 15 }

{ exercício 16 }

Décima segunda posição:

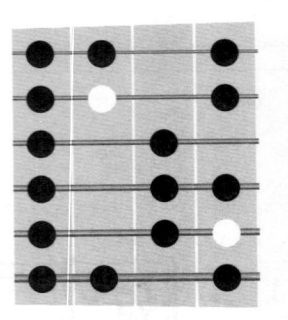

Dedo 4

CAPÍTULO IV . A

DÉCIMA SEGUNDA POSIÇÃO
—{ NOTAS NATURAIS }—

{ exercício 1 }

Extensão: Dó 4 - Sol 4

Representação das notas no diagrama:

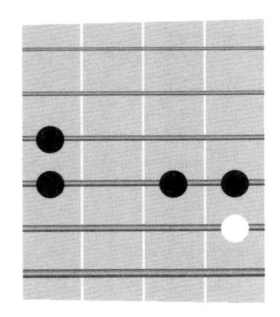

C	G7/D	C/E	G7/D
C	C/F	C	D/C
C	D/C	C	C/F
C	F	G	C

{ exercício 2 }

Extensão: Dó 4 - Dó 5.

Representação das notas no diagrama:

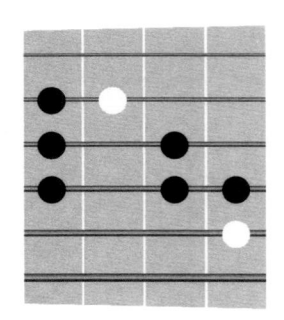

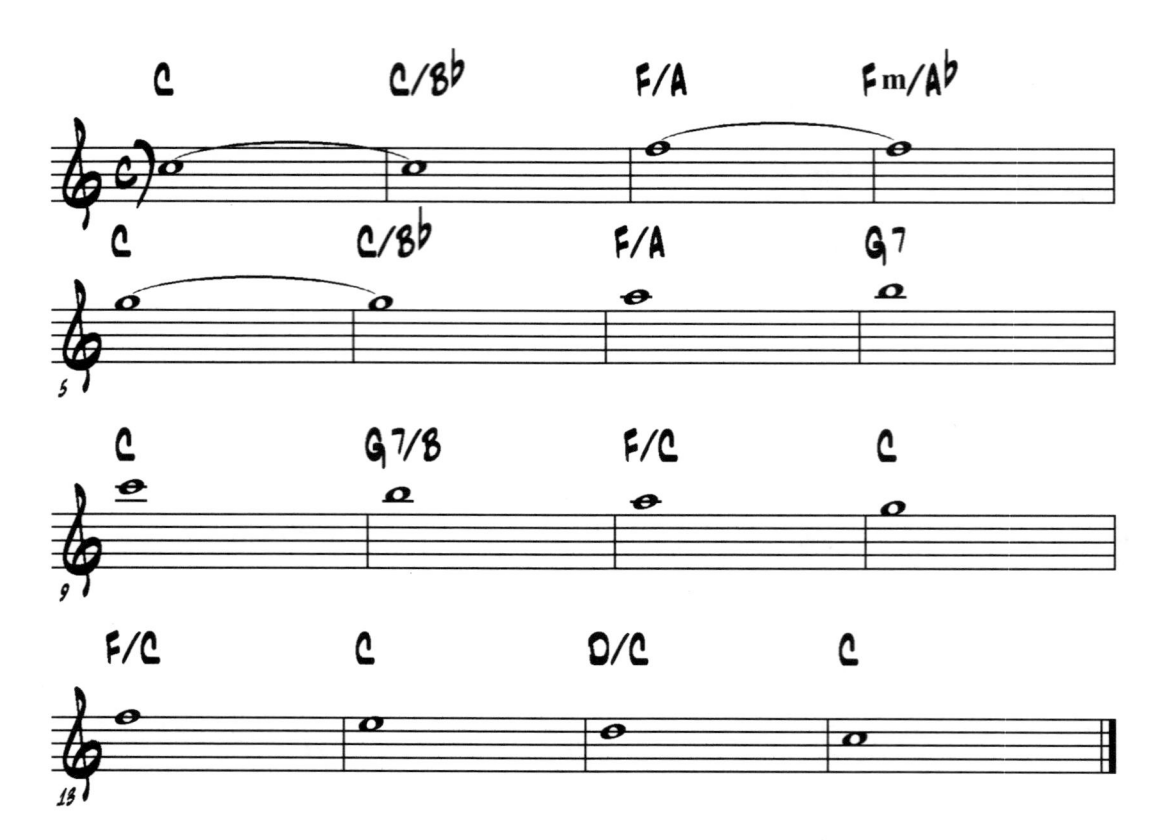

C	C/B♭	F/A	Fm/A♭
C	C/B♭	F/A	G7
C	G7/B	F/C	C
F/C	C	D/C	C

{ exercício 3 }

Extensão: Dó 4 - Sol 5

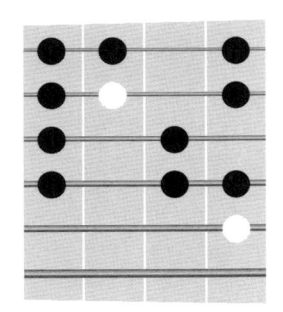

Representação das notas no diagrama:

{ exercício 4 }

Extensão: Lá 3 - Sol 5

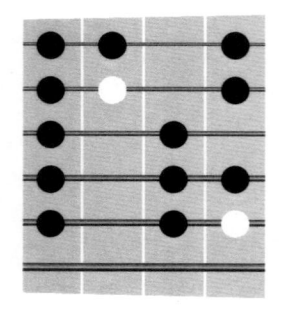

Representação das notas no diagrama:

{ exercício 5 }

{ exercício 6 }

Extensão: Sol 3 - Sol 5

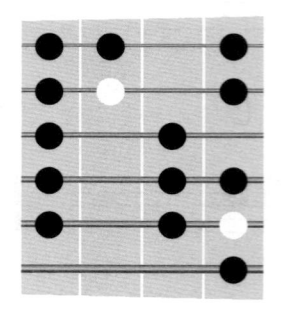

Representação das notas no diagrama

{ exercício 7 }

{ exercício 8 }

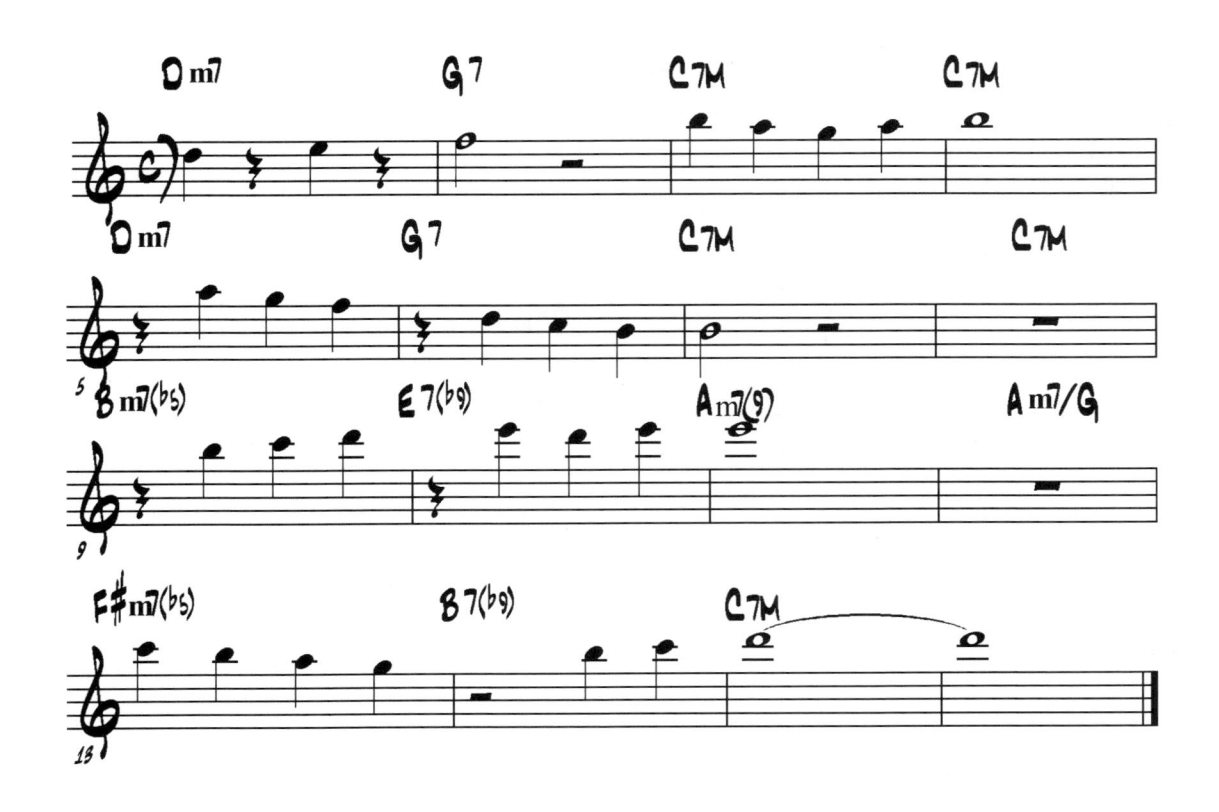

{ exercício 9 }

Extensão: Mi 3 - Sol 5

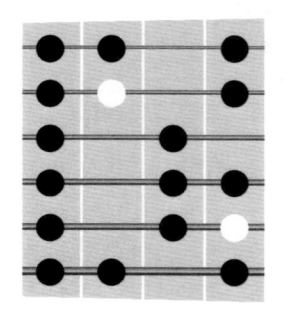

Representação das notas no diagrama:

{ exercício 10 }

{ exercício 11 }

{ exercício 12 }

{ exercício 14 }

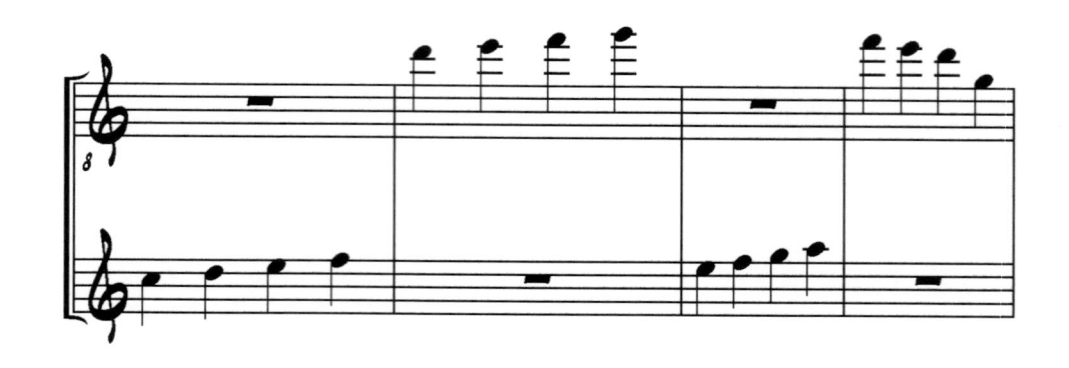

{ exercício 15 }

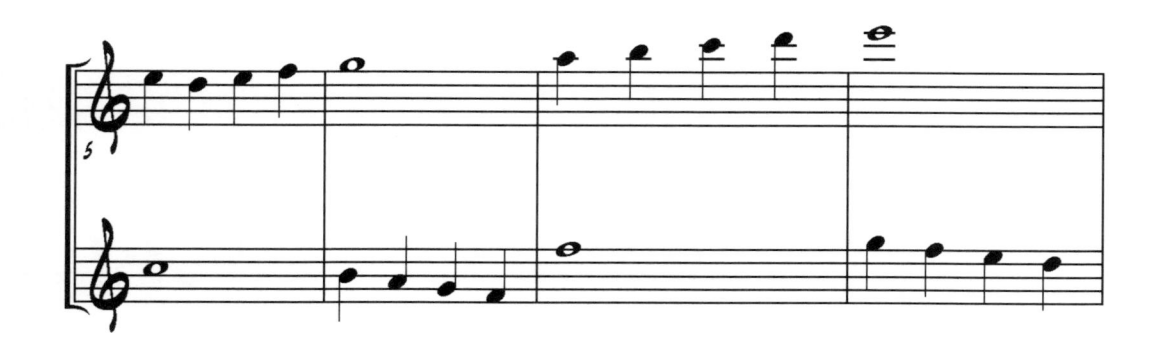

{ exercício 16 }

CAPITULO IV . b

{ DICAS }

AO FINAL DESTE MÉTODO O INSTRUMENTISTA DEVERÁ PROCEDER DA SEGUINTE FORMA.

1- Virar o método de cabeça para baixo e escolher qualquer uma das posições abordadas neste livro.

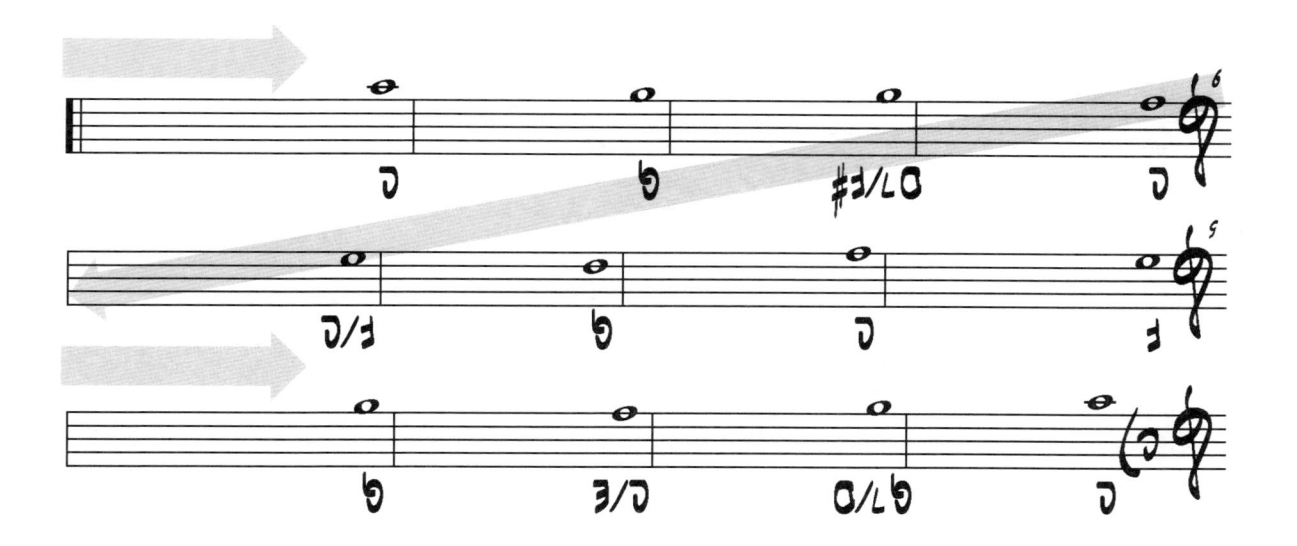

OBS - *Não é necessário tocar os acordes neste procedimento e nos próximos a seguir, pois algumas melodias podem soar estranhas e sem nexo algum (ou não). O foco principal deste capítulo é oferecer as diversas formas de se desenvolver uma leitura. A questão estética das melodias estão em segundo plano.*

2 - Voltar o livro na posição natural e ler todos os exercícios de traz para frente. Começando do final e subindo para o fim de cada sistema.

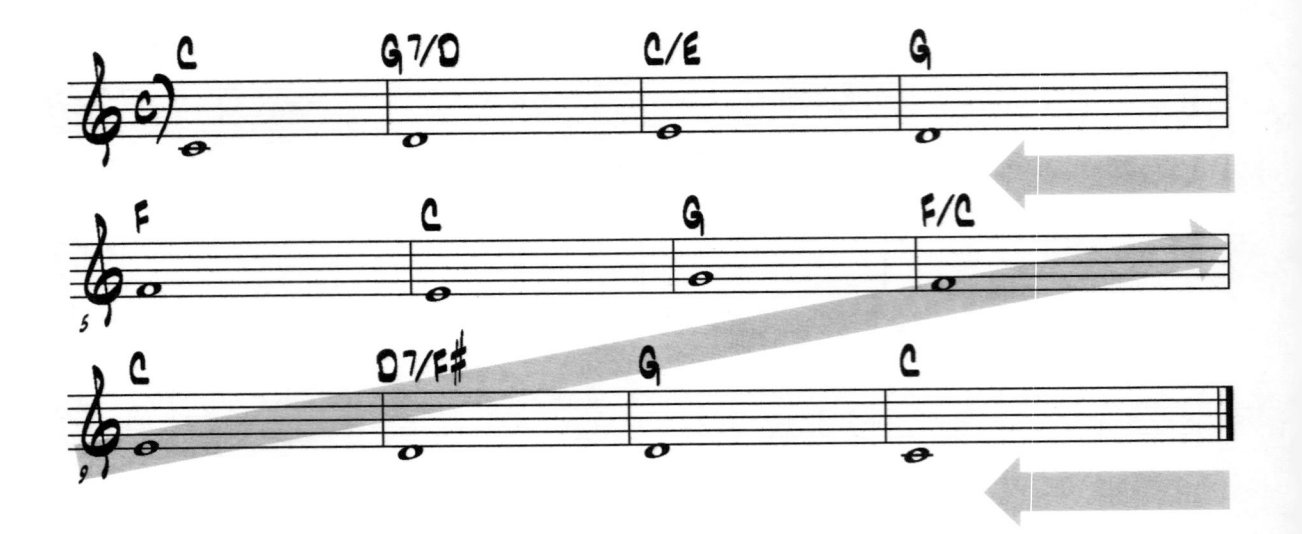

3 - Torne a colocá-lo de cabeça para baixo e leia de traz para frente.

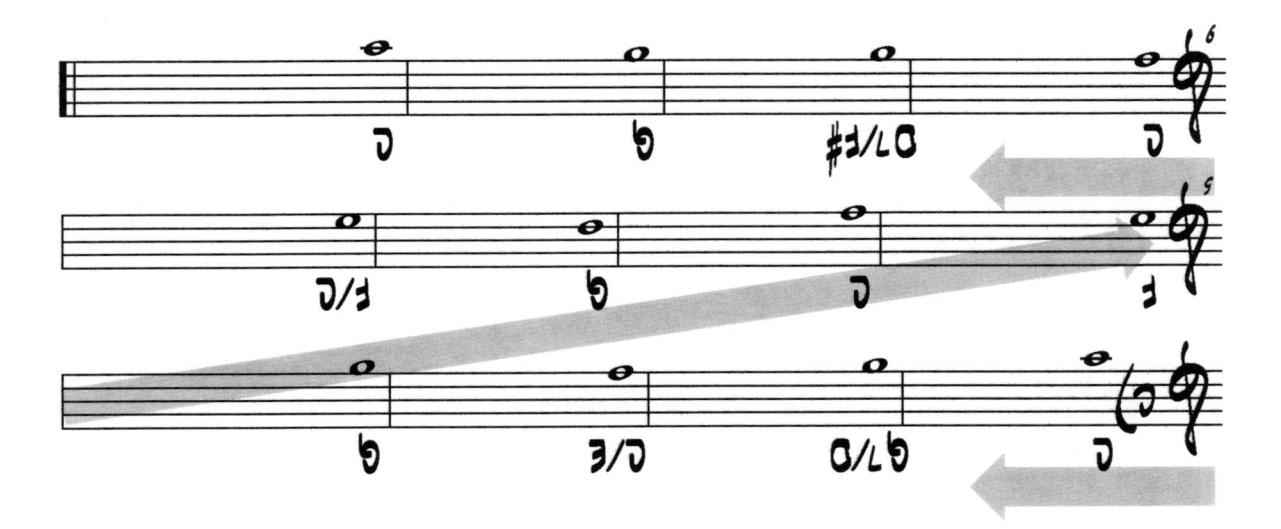

4 - Leitura dos compassos na forma vertical.

5 - A leitura vertical pode ser feita ao contrário ou de cabeça para baixo.

6 - Leitura com salto de compassos.
Ler apenas os compassos ímpares e depois os pares.

7 - Leitura saltando sistemas. Ler apenas os pares e depois os ímpares.

BIBLIOGRAFIA

BARTÓK, Béla. Mikrokosmos.vol 1. London: Boosey & Hawkes, LTD. 1940.

BARTÓK, Béla. Mikrokosmos.vol 2. London: Boosey & Hawkes, LTD. 1940.

BARTÓK, Béla. Mikrokosmos.vol 3. London: Boosey & Hawkes, LTD. 1940.

BARTÓK, Béla. Mikrokosmos.vol 4. London: Boosey & Hawkes, LTD. 1940.

BARTÓK, Béla. Mikrokosmos.vol 5. London: Boosey & Hawkes, LTD. 1940.

BARTÓK, Béla. Mikrokosmos.vol 6. London: Boosey & Hawkes, LTD. 1940.

CHESKY, David. For all treble clef instruments contemporary jazz/rock rhythms. New York: Charles Colin, s/d.

LEAVITT, William G. A modern method for guitar vol 1. Boston: Berklee Press Publications, 1966.

LEAVITT, William G. A modern method for guitar vol 2. Boston: Berklee Press Publications, 1968.

LEAVITT, William G. Melodic Rhythms for Guitar. Boston: Berklee Press Publications, 1969.

LEAVITT, William G. A modern method for guitar vol 3. Boston: Berklee Press Publications, 1971.

LEAVITT, William G. Reading Studies for guitar.: all keys positions one throught seven. Boston: Berklee Press Publications, 1979.

LEAVITT, William G. Reading Studies for guitar.: all keys positions eight throught twelve and multi-positions studies. Boston: Berklee Press Publications, 1981.

FLETCHER, Leila. Piano course book 1. Getzville NY. Montgomery Music Inc. 1950, 1973, 1977 & 2001.

FLETCHER, Leila. Piano course book 2. Getzville NY. Montgomery Music Inc. 1950, 1973, 1977 & 2001.

PINTO, Henrique. Iniciação ao violão. Ed. Ricordi, 1978.

SCHULTZ P, Duane; SCHULTZ, Sudney Ellen. História da psicologia moderna. São Paulo: Cultrix. 1981

SLOBODA, John. The musical mind. The cognitive psychology of music. Oxford: University Press, 1999.

WALKER, Robert. Auditory-visual perception and musical behavior. In Colwell, R.Handbook of Research on Music Teaching and Learning. New York : Schirmer Books, 1992.